大研究
だいけんきゅう

落語と講談の図鑑
らくご　こうだん　ずかん

国土社編集部／編

国土社

落語と講談の図鑑

寄席に行ってみよう！ ……3
寄席ってどんなところ？ ……4
どんな芸が見られるの？ ……6
コラム1 いろいろな話芸 ……7
寄席を支えるいろいろな仕事 ……8
コラム2 寄席の楽屋ってどんなところ？ ……9
コラム3 いろいろな寄席 ……10

落語を見に行こう！ ……11
落語ってどんなもの？ ……12
落語の話によく出るキャラクター ……14
落語の話の流れ ……16
長さ日本一!? 長生きできる、めでたい名前
「寿限無」 ……20
ウソを言って、好物をせしめるお話
「まんじゅうこわい」 ……22
知ったかぶりは失敗のもと 正体を聞いてビックリ
「転失気」 ……24
与太郎が新築の家をほめに行くが、
ほめ言葉が、うろ覚えで失敗して
「牛ほめ」 ……26
ずるい男が一文をごまかす
それを見ていた男がまねをしようとして……
「時そば」 ……28
熱いお灸でも熱いと言わない江戸っ子のやせがまん
「強情灸」 ……30
犬が人間に変身するが、中身は犬のまま……
「元犬」 ……32
死んでも元気!? 世にも珍しい地獄案内
「地獄八景亡者戯」 ……34
コラム4 陽気でにぎやかな上方落語 ……36
落語家の着物と道具 ……38
落語の動き1 ……40
落語の動き2 ……42
落語の歴史 ……46
人間国宝になった落語家 ……47
コラム5 落語家の名前 ……47
落語家になるには ……48

講談を見に行こう！ ……49
講談ってどんなもの？ ……50
講談から生まれたヒーロー ……52
話の種類 ……54
コラム6 最初に覚える演目 軍記物「三方ケ原軍記」 ……55
急な石段をかけあがる驚きの馬術
「寛永三馬術 曲垣平九郎 愛宕山梅花の誉れ」 ……56
名人大工の不思議な物語 木に彫った龍がぬけ出してくる
「左甚五郎 水呑みの龍」 ……58
地蔵をしばる!? 大岡越前守のユニークな犯人さがし
「大岡政談 しばられ地蔵」 ……60
合戦の合間の見せ場 弓矢で舟の上の扇が射落とせるか
「源平盛衰記 那須与一扇の的」 ……62
戦国時代きっての名勝負 謙信が太刀をふるい、信玄が防ぐ
「川中島 謙信と信玄の一騎打ち」 ……64
夜な夜な、幽霊がやってくる
足がないのに、下駄の音がカラーン、コローン
「怪談牡丹灯籠」 ……66
決めゼリフを読んでみよう ……68
講談師の着物と道具 ……70
講談の動き ……72
講談の歴史 ……74
コラム7 同じ演目が落語や浪曲にも ……76
講談師になるには ……77

さくいん ……78

寄席(よせ)に行(い)ってみよう!

写真:新宿 末廣亭

寄席ってどんなところ？

　寄席はいろいろな芸人が芸を見せたり、聞かせたりする場所です。メインは、おもしろい話や感動する話を一人で語る落語です。大人の知恵やユーモアが学べます。そのほか、漫才や手品、ものまねなどがあります。寄席は約200年前からはじまったといわれています。▶10ページ

寄席文字

寄席文字は、大入り満員を祈って字の中の空きを少なくして、右上がりに書く。寄席で使われる書体。

開演時間が書かれた末廣亭の額。

床の間

舞台の床より少し高く、掛け軸などが飾られる場所。末廣亭にはあるが、床の間がない寄席も多い。

高座

寄席の舞台が高座。落語家は座布団の上で落語を語る。漫才やマジックの時は座布団をかたづけ、マイクを立てる。

寄席に行ってみよう

新宿 末廣亭

昔ながらの寄席の姿が残されている。入口を入ると、「もぎり」というチケットの半券をちぎる係の人がいて、そこでチケットをちぎってもらい、席へ行く。客席の左右には畳に座る桟敷席があり、高座には床の間や襖がある。

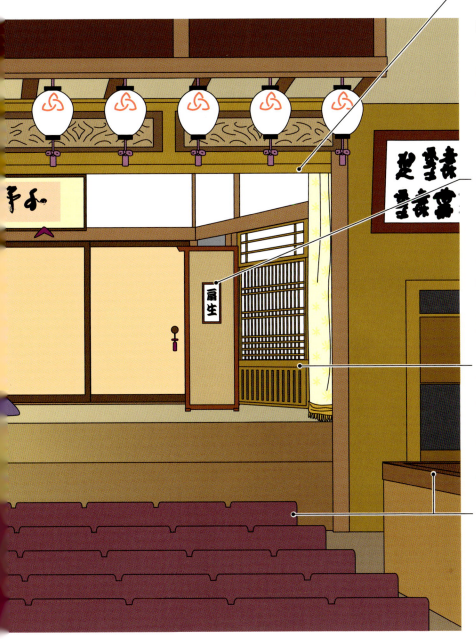

緞帳

舞台と客席をしきる幕。舞台がはじまる時に上げられ、休憩（仲入り▶6ページ）の時や舞台が終わる時に下げられる。開演中は上に巻き上げられている。

めくり ▶9ページ

芸人の名前を書いた紙の札。芸が終わると、次の芸人の名前を見せるためにめくるので「めくり」という。末廣亭では名前を書いた名札をはめこむ形で「見出し」という。

上手

客席から見て舞台右側が上手。末廣亭では、ここから演者が登場し退場する。上手奥でお囃子の人が演奏している。

座席

多くの寄席は畳の席である桟敷から椅子にかわった。末廣亭には椅子席と一部に桟敷席が残っている。

どんな芸が見られるの?

寄席では落語や講談のほかに、いろどりをそえる「色物」とよばれる、いろいろな演芸が見られます。漫才、トランプ手品や舞台で人を消してしまうおおがかりなマジック、動物の鳴き声などのものまね、楽器を使う音楽ショー、大きな独楽を回す曲独楽やテレビで見るようなコントまで多くの芸が楽しめます。

落語

落語家(噺家)が一人でさまざまな人物になって、会話を中心に話(咄・噺)を進める芸。笑わせて感動させて、「オチ」という結末をつける。

講談

講談師が一人で、英雄や豪傑たちの勇ましい手柄話などを…台という机を前に、張扇と扇子をたたきながら語る芸。会…より地といわれる説明文が多い。

寄席の公演の流れ

寄席の公演には、だいたいの決まった流れがあります。ここでは代表的な流れを紹介します。

1 開場
一番太鼓とともに寄席が開く。二番太鼓がなり、公演がはじまる。

2 前座
緞帳が上がり、前座の話からスタート。

3 二つ目
続いて二つ目が話す。

4 落語・色物
真打や色物が次々に登場。

5 仲入り
プログラムの中間あ…で休憩が入る。

6 くいつき
仲入り直後の出番のこと。仲入りでお客さんがものを食べて(食って)いることが多いため「くいつき」といわれる。客席をおちつかせる役割がある。

7 落語・色物
落語や色物が次々に登場。

8 ひざがわり
トリの一つ前の出番のこと。色物の芸人が登場する。トリの芸を引き立てる役目がある。

9 トリ
最後の出演者の…真打の落語家や講…などがつとめる。

※話/咄/噺……伝えたいことを声に出して言うこと。また、その内容。人に聞かせたり、読ませるための創作物には、「咄」「噺」の漢字が使われていた。

寄席に行ってみよう

漫才

ぬけなことを言う人（ボ）と、まちがいを直す（ツッコミ）がお互いにしゃべりあって笑わせる。

浪曲

三味線を伴奏にして、節をつけて歌ったり、セリフを語ったりして、話を進める。日本の一人ミュージカルのようなもの。

紙切り

紙切りはお客さんの注文どおりのものをハサミで切ってつくる。東京スカイツリーでも舞妓さんでも、見事に形をつくる。

太神楽

傘の上でボールやマスを回したり、ナイフをお手玉のようにあやつったり、額の上に棒を立てたりとスリル満点の芸。

寄席の芸は、どれも一つ15分から30分と時間が決まっていることが多いんだ。本当は長い話も短くしているんだよ。

終演
オチを言って客席に[お辞儀]をしたら、緞帳が下がる。出し太鼓が打たれる。

コラム1　いろいろな話芸

落語や講談、漫才はしゃべりでお客さんを楽しませる芸で「話芸」とよばれます。話芸には、ものまね、漫談、コント、テレビの「笑点」で見られる大喜利の謎かけなどたくさんあります。そのほか、舞台での朗読、夏の怪談トークショー、無声映画に声をつける活弁など、話芸といえるものはたくさんあります。

※活弁…声や音が入っていない無声映画を上演する時に、スクリーンの横で映画の内容や登場人物のセリフを言う。

寄席を支えるいろいろな仕事

　寄席の楽屋では、芸を盛り上げる曲を演奏したり、演題を根多帳に書いたり、いろいろな仕事があります。多くの仕事を担当するのは前座とよばれる入りたての新人です。前座は、高座でめくりをかえたり、楽屋で師匠たちの着がえを手伝ったり、師匠たちにお茶を出したり、お囃子の人の三味線にあわせて太鼓をたたいたりと大忙しです。

お囃子

三味線、太鼓、鉦などで奏でる音楽。「出囃子」という落語家の登場曲を演奏したり、紙切り、曲芸、マジックなどの伴奏をしたりする。

一番太鼓・二番太鼓・追い出し太鼓

一番太鼓は開演前、お客が多く来るように「どんとこい、どんとこい」と聞こえるように打つ。二番太鼓は開演5分前に打つ。寄席の終わりに打つのが追い出し太鼓。「出てけ出てけ、てんてんバラバラ」と聞こえるように打つ。

高座返し

出演者が高座からおりると、前座が座布団を裏返し、次の出演者の準備をする。これは人が使ったものをそのまま使わせない、というしきたりからきている。また、四角い座布団の四辺のうち一辺はぬい目がなく、客との縁をきらない、という意味からぬい目のない辺を客席に向けておく。

寄席に行ってみよう

めくり

細長い紙に演者の名前が書かれたもの。寄席文字という字で、太い筆で字をぎゅっとつめるように書く。

根多帳書き

前座は筆を使って寄席の当日に演じられた根多（演題）を書く。演者は根多帳を見て、前の演者たちとは内容がちがう話をする。

末廣亭では、演者の名前がはめこみ式で表示される。

表　中

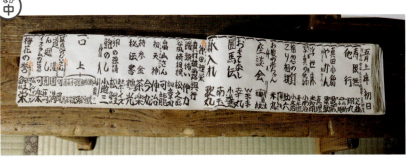

コラム2　寄席の楽屋ってどんなところ？

楽屋は演者が着物や衣装を着がえて、出番を待つ場所で、高座の裏や脇にあります。三味線を演奏する人がいたり、落語の師匠たちの出入りも多く、前座は忙しく仕事をしています。根多帳もここにおいてあります。

末廣亭の楽屋。左奥で根多帳を書き、右側でお囃子を奏でている。

コラム3　いろいろな寄席

江戸時代につくられた、おおぜいの人を寄せて落語を演じた「寄せ場」が寄席のはじまりです。落語は大流行し、全盛期、江戸には170軒もの寄席があったといわれています。今は、演芸を行っているところを寄席とよびます。公民館や地域の集会所で行われる地域寄席や、学校で行われる学校寄席などもあります。ほぼ一年中、行っている寄席は「定席」とよばれます。ここでは、主な寄席を紹介します。

浅草演芸ホール
東京都浅草の浅草寺の近く、浅草ロックという繁華街にある。浅草寺の参詣客も気軽に入ってくる。

池袋演芸場
東京都池袋の西口、ビルの地下にある。こぢんまりとした寄席で、落語家の姿が間近に見られる。

鈴本演芸場
東京都上野の近代的なビルの中にある寄席。人通りの多い、表通りに面している。

新宿末廣亭
東京都新宿にある伊勢丹の近くにある。入口には「まねき」という寄席文字の名札がかかっていて、昔からの寄席という雰囲気。

浅草・木馬亭
東京都浅草の浅草寺近くにある浪曲専門の寄席。毎月1日から7日まで浪曲の公演をしている。伝統話芸、浪曲が聞ける貴重な場所だ。

国立演芸場
東京都永田町にある国立の寄席。毎月1日から20日までが定期公演。落語以外に講談、浪曲などを特別企画としてとりあげている。

お江戸日本橋亭
東京都日本橋にあり、落語だけでなく講談など、いろいろな演芸の団体が公演をしている。

お江戸上野広小路亭
東京都上野にある寄席。毎月1日から15日まで公演がある。講談も定期的に見られる。

お江戸両国亭
東京都両国にある寄席。毎月1日から15日まで定期公演がある。アマチュア落語家も公演できる。

横浜にぎわい座
神奈川県横浜市にある横浜市立の寄席。毎月1日から7日まで定期公演を行っている。寄席関係の展示もある。

天満天神繁昌亭
大阪府大阪市の天満天神の境内近くにある寄席。上方落語が一年中、公演されている。東京からの芸人も数多く出演している。

大須演芸場
愛知県名古屋市の大須観音近くにある。毎月1日から10日まで定期公演があり、東京や大阪など、いろいろな地域の演者が出演する。

寄席の出演者や料金などは各寄席のHPで見られるよ。

落語を見に行こう！

写真：桂 扇生（落語家）

落語ってどんなもの？

落語の多くは滑稽噺とよばれる笑い話です。「隣りの空き地に囲いができたね」「へえ」（返事の「へえ」と塀をかけている）という短い話（小咄・小噺）から、登場人物が多くて話が複雑になる長い話までたくさんあります。人情噺という泣かせたり、感動させたりする話もあり、寄席の最後の演者（トリ）が話します。そのほか、幽霊が出てくる怪談噺や、歌舞伎のようなセリフや動きが入る芝居噺などもあります。

落語家

着物を着て、高座にあがり落語を語る人。噺家ともいう。小道具は扇子と手ぬぐいだけを持つ。多くの落語家は100話以上の話ができる。

扇子と手ぬぐい

扇子と手ぬぐいは大切な小道具。扇子はご飯やそば食べる箸、手紙を書く時の筆などとして使い、手ぬぐいは手紙を書く時の紙にしたり、財布や紙入れにしたりて使う。 ▶42～45ページ

扇子 ▶39ページ

手ぬぐい ▶39ページ

落語を見に行こう

落語家は一人でいろいろな人になりきって話をするんだ。
キャラクターによって姿勢や動き、声もかえるんだよ。

おばあちゃん
▶21ページ

「寿限無」で子どものこぶを見るおばあちゃん

まんじゅうを食べる町人
▶23ページ

「まんじゅうこわい」でまわりをだまして、まんじゅうを食べる町人

お医者さん
▶25ページ

「転失気」で、おならを警戒するお医者さん

与太郎
▶27ページ

「牛ほめ」で、ほめ言葉が書かれた紙をそっと見て読む与太郎

そばを食べる町人
▶29・45ページ

「時そば」で、そばを食べてそば代から一文をごまかす町人

強情な男
▶31ページ

「強情灸」で、お灸の熱さにたえる強情な男

元は犬の男
▶33ページ

「元犬」に出てくる。もともとは犬の男が犬のようにチンチンをしている

閻魔大王
▶35ページ

「地獄八景亡者戯」に出てくる閻魔大王。胸の前の扇子は笏のかわり。上方落語の代表的な話

想像してみよう
落語の話によく出るキャラクター

落語には江戸っ子とよばれる江戸の町人の話が多くあります。職人や商人、長屋（▶22ページ）に住む人や子どもも主人公になります。落語の中の江戸っ子は気が短くて涙もろく、人情にあつい人たちが多いのです。

ご隠居
商家の主人が店を息子にゆずって引退するとご隠居とよばれる。静かに暮らしていて、ひまなのでお茶、書や絵画を趣味にしている。▶41ページ

大工
職人（▶41ページ）に特有のべらんめえ口調で「なにを言っていやがる。てやんでえ、べらぼうめ」という江戸弁を使う。落語では、よく「熊さん」「八っつぁん」という名前の職人が登場する。

長屋のおかみさん
長屋に住んでいる元気がよくて話好きな奥さん。日々、旦那を支えている。町内で井戸端会議をしてることもある。

落語を見に行こう

和尚さん
人柄がよく、知識が豊富でみんなから慕われて頼られている。江戸時代、庶民はお寺との関係が深かった。 ▶24ページ

たいこもち（幇間）
酒を飲んで楽しんでいる席を盛り上げる芸人。お客の機嫌をとって楽しく遊ばせる。お客からひどい目にあわされることもある。 ▶41ページ

若旦那
家の跡取り息子。ひまとお金があるの遊びすぎて父親から勘当され、家から追い出されることが多い。

武士
侍 ▶41ページ のこと。武士として筋をとおして主人を大切にする。場合によっては自分の家よりも主人の家を守ることを優先する。

お殿様
生活の心配がないから、のんびりとした性格。庶民の暮らしの知識がない。落語ではお殿様を笑う話も多い。

落語の話の流れ

落語家は高座にあがってあいさつをしても、すぐに「本題」(演題)には入りません。「マクラ」という導入部から語ります。そして本題に入り、最後は「オチ」をつけて、お客を笑わせたり、感動させたりします。

落語のはじまり「マクラ」

本題の頭につくことから、導入部のことをマクラ(枕)という。本題に関わることなどを小噺にして話す。落語の話の多くは、その話にあったマクラがある。

マクラを読んでみよう

落語「宗論」より陰陽のマクラ

何事にも陰と陽がありまして。手のひらにも陰陽があって、手のひらを上に向ければ陽、下に向ければ陰ですね。幽霊は陰気なものですから、幽霊の手は陰の手です。これが陽の手だと似合わない。陽の手で、うらめしやとやると、なにか物ほしそうでいけません。お祭りで威勢をつける時は陽の手。手のひらを上に向けてワッショイワッショイと盛り上げる。これが陰の手で、手のひらを下に向けると、ワッショイワッショイも元気がなくなり、やめようかと、お祭りも盛り上がりません。

「宗論」というのは宗教が異なる人たちのやりとりを描いたものなんだ。マクラではいろいろな陰陽を紹介してから宗教の話に入るよ。

メインの話「本題」(演題)

マクラが終わると本題をはじめる。本題とは落語のメインとなる話のことで、寄席では、当日、落語家が高座にあがる直前に決める。高座にあがってから決めることもある。前座は根多帳に本題の題名を書きとめる。

本題の一部を読んでみよう

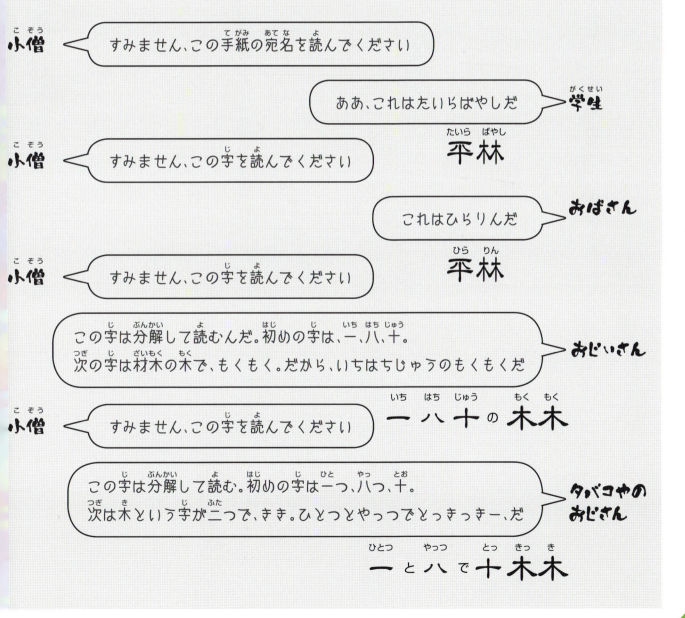

最後に笑いをさそう「オチ」

オチは「落ち」と書き、落語の結末部分で大切なところ。言葉の洒落や、思いもかけない表現、動きがオチになる「話にオチがつく」という言い方は一般的な表現になっている。

オチを読んでみよう

「大山詣り」より

場面紹介
先達（リーダー）を先頭に町内のみんなで大山詣りに行くことになった。今回は、道中で暴れたら坊主にするという約束。ところが熊さんは酒に酔って暴れる。寝ている熊さんの頭をみんなが坊主にする。翌日、熊さんは先に宿を出たみんなを追い越して先に町内にもどり、一行のおかみさんを集めて、「自分以外は事故でみんな死んだ」とウソを言い、「亭主の弔いのために」とおかみさんたちを坊主にしてしまう。一行は帰ってきて、熊さんの仕業に怒り出すが……

> おいおい暴れたりするんじゃないよ。こんなめでたいことはないよ — 先達

> じょうだん言っちゃあいけねえ。かかあをぼうずにされて　なにがめでてえんだよ — 一行

> 考えてもごらん。お山は晴天。うちに帰れば、くりくり坊主。みなさん、おけがなくって、お幸せ — 先達

道中が無事で「怪我がない」とおかみさんたちの「毛がない」とをかけたんだね。

「道灌」より

場面紹介
学識のない長屋 ▶22ページ の男がご隠居から、太田道灌という武将は「自分は歌道に暗い」と反省して、歌の道に励んだと聞く。その日、この男のところに提灯を借りにきた男がいて、とんちんかんな問答の末に……

> お前は歌道に暗いな — 男

> ああ、角が暗いから提灯を借りにきた — 提灯を借りにきた男

「歌道」と道の「角」をかけたオチね。

「幇間腹(たいこばら)」より

場面紹介: 若旦那は料亭のお座敷にたいこもち(幇間) ▶15ページ をよび、腹に鍼を打たせろ、と言う。初めて鍼を打つ若旦那にたいこもちは不安をもつが打たせる。たいこもちの腹は血だらけ、鍼を腹に残したまま、若旦那は帰ってしまう。たいこもちの様子を見た料亭のおかみ(女主人)は驚いて……

おかみ: お前さんだって、ちっとはならした たいこだよ。いくらかにはなったんだろうねぇ

幇間(ほうかん): いいえ、このとおり、皮がやぶれて なりませんでした

皮がやぶれて「太鼓が鳴らない」と「お金にならない」の二つをかけたオチだね。

「崇徳院(すとくいん)」より

場面紹介: お嬢さんと若旦那が互いに一目ぼれ。お嬢さんは若旦那に百人一首にある崇徳院の和歌「瀬をはやみ岩にせかるる滝川の われても末にあわむとぞ思う」と書かれた短冊をわたして去る。二人ともお互いの住まいさえ知らず、恋わずらいで寝こんでしまう。歌をたよりに両家の親が互いに、出入りの男に相手を探させる。ある床屋で、探しまわっていた男二人が出会い、「お前がウチに来い」「お前こそ」ともみあって、床屋の鏡を割ってしまう……

床屋(とこや): 鏡を壊しちまって、どうしてくれるんだい

男(おとこ): なーに心配するねい、割れても末に買わむとぞ思う

崇徳院の和歌の「あわむ(会おう)と思う」と「買わむ(買おう)と思う」をかけたオチだよ。

マンガで読む 寿限無

長さ日本一!? 長生きできる、めでたい名前
「寿限無」

ストーリー

長屋 ▶22ページ に住む八五郎夫婦に初めての子どもが生まれました。子どもの名前をつけてもらおうと、八五郎はお寺の和尚さん ▶15・24ページ のところに行きました。和尚さんは、縁起がよくて、長生きができそうな、おめでたい名前を次々に教えてくれました。お経の中にある「寿限無」や、長い歳月をあらわす「五劫」、取っても取っても取りつくせない海の砂利や魚のことをいった「海砂利・水魚」など、たくさん教えてもらった八五郎は、名前をひとつに決められず、全部つけてしまいます。「寿限無寿限無　五劫の擦り切れ　海砂利水魚の水行末雲行末風来末　食う寝るところに住むところ　やぶらこうじのやぶこうじ　パイポパイポパイポのシューリンガン　シューリンガンのグーリンダイ　グーリンダイのポンポコナーのポンポコピーの長久命の長助」。

さて、寿限無が大きくなり……。

この寿限無は腕白で、よくケンカをします。ある日のこと、寿限無に頭をぶたれた友だちのとらちゃんが、寿限無のうちに泣きながら言いに来ました。「おばさんのところの寿限無寿限無　五劫のすりきれ　海砂利水魚……が、あたいの頭をぶったよー」。お父さんも出てきて「なんだって、うちの寿限無寿限無……が？」と。そしておばあさんが出てきて「あらあら寿限無寿限無……が？　どれ、頭を見せてごらん。なんだいこぶなんかないじゃないか」と言うと、とらちゃん「あんまり名前が長いんで、こぶがひっこんじゃった」。

豆知識

「寿」とはおめでたいこと、長生きのこと。「寿限無」は、おめでたいことが限りなく続くこと。「劫」は時間の単位で、三千年に一度、天女がおりてきて衣の袖で岩をこすり、それをくりかえしてその岩がすり切れる時間が一劫、五劫はその5倍なので、限りなく長い時間をあらわしている。

落語を見に行こう

「寿限無」の一場面を読んでみよう

ある日、寿限無に頭をぶたれて、たんこぶをつくった子どもが泣きながら、寿限無の家に来たところ……

おとっつあん（お父さん）
おばあさん、うちの寿限無寿限無　五劫の擦り切れ　海砂利水魚の水行末雲行末風来末　食う寝るところに住むところ　やぶらこうじのやぶこうじ　パイポパイポパイポのシューリンガン　シューリンガンのグーリンダイ　グーリンダイのポンポコナーのポンポコピーの長久命の長助を見なかったかな？　いや、とらちゃんが頭をぶたれてこぶこさえたって泣いてきてんだよ

おばあさん
なんだって？　うちの寿限無寿限無　五劫の擦り切れ　海砂利水魚の水行末雲行末風来末　食う寝るところに住むところ　やぶらこうじのやぶこうじ　パイポパイポパイポのシューリンガン　シューリンガンのグーリンダイ　グーリンダイのポンポコナーのポンポコピーの長久命の長助が、とらちゃんの頭をぶってこぶこしらえたってえのかい？

おばあさん
とらちゃん、おいで、おいで。どれどれ、頭を見せてごらん。おばあさんがおまじないをしてあげよう。
チチンプイプイ……あれっ？なんだ、こぶなんかないじゃないか

おいでおいで

とらちゃん（子ども）
あんまり名前が長いんで、こぶがひっこんじゃった

マンガで読む まんじゅうこわい

ウソを言って、好物をせしめるお話

「まんじゅうこわい」

ストーリー

町内の若い男たちが集まっていました。話がこわいもののことになり、ある人は「ヘビがこわい」、別の人は「クモがこわい」、またある人は「アリがこわい」と言って話がはずみます。

ある男がみんなをバカにしました。「なにヘビがこわいだ、ヘビは頭に巻いてはちまきにするんだ。冷たくて気持ちがいいし、ヘビがしめてくれるからほどけないぞ」「なにクモがこわいだ。クモなんか納豆に入れて糸を引かせるんだ」「なにアリがこわいだ。アリなんか、ゴマ塩がわりに赤飯にかけるんだ」と胸をはります。

「じゃあお前のこわいものは？」と聞かれて、この男、「自分はまんじゅうがこわい」と答えました。みんなは「この男をからかってやろう」とまんじゅうを買ってきて、この男の枕元にならべます。

すると男は、かたっぱしからまんじゅうを食べはじめたのです。そして、「本当にこわいものはなんだ！」と怒るみんなに、「このへんで苦い茶がこわい」と言ってのけました。

豆知識

江戸時代、多くの町人は長屋という木造の細長い家に薄い壁でへだてて住んでいた。長屋は大通りの裏にあって、大工、八百屋、豆腐屋、植木屋などの職人がお互いに助けあって、生活を楽しんでいた。若い人は床屋や銭湯などに集まってはひまをつぶしていた。

落語を見に行こう

「まんじゅうこわい」の一場面を読んでみよう

「まんじゅうがこわい」という男を仲間の連中がおどろかせようと、まんじゅうをたくさん買ってきて、寝ている男の枕元におくと……

男　わー、まんじゅうだ、こわいよー

仲間の男たち　へへへっ。こわがってる、こわがってる

男　こわいよー、こわいよー。あーん、もぐもぐ。こういうこわいものは、いつまでもこのままにしておいてはいけない。もぐもぐ

仲間の男たち　おい、いっぱい食っちゃったよ。いや、食われちゃったんだ。おい、本当にこわいものはなんなんだ

男　このへんで、苦いお茶がいっぱい こわい

知ったかぶりは失敗のもと 正体を聞いてビックリ

「転失気」

ストーリー

お寺の和尚さん ▶15ページ が体調をくずして、お医者さんに診てもらいました。お医者さんは和尚さんに、「転失気はおありですか」と聞きました。和尚さんは転失気の意味がわからなかったのですが、「それはなんですか」と聞けず、「はい」と答えてしまいます。知らないのは恥ずかしいと思ったのです。お医者さんが帰ったあとで和尚さんは小坊主の珍念をよんで、「転失気を借りてくるように」と令します。

珍念は花屋やご隠居さんのところに行きますが、転失気がなにかわかりません。そこで、お医者さんに聞くと、「転失気は屁（おなら）だ」と言うではありませんか。珍念はお寺にもどると、いたずらしてやろうと和尚さんに「転失気は盃です」とウソをつきます。

ある日、お医者さんが和尚さんを訪ねると、和尚さんは「寺に昔から伝わる転失気をお見せしましょう」と言います。お医者さんはびっくり。おならを見せられるのかと身構え、「転失気とはおならのことです。」と和尚さんに伝えます。こんどは和尚さんがびっくり。「お寺では盃のことを転失気といいまして……」としどろもどろ。

江戸時代は仏教が国の宗教だったので、お寺や和尚さんは重要な存在だった。お寺は戸籍を管理したり、お墓を守ったりした。和尚さんは地方の指導者、教育者でもあり、身近な存在だった。落語には「こんにゃく問答」や「錦の袈裟」など、和尚さんがてくる話がたくさんある。

「転失気」の一場面を読んでみよう

落語を見に行こう

和尚さんは小坊主の珍念から転失気とは盃のことだと言われる。和尚さんは訪ねてきたお医者さんに「転失気をお見せします」と言い……

和尚「これが寺に古くから伝わっている転失気で」

お医者さん「ええ、これが転失気、これがですか」

ええ……

お医者さん「おや、これは立派な盃で」

和尚「なに、つまらん転失気で」

お医者さん「おや？ 盃のことを転失気といいますか。医学のほうでは転失気とは医学書「傷寒論」に出てくる言葉で放屁、おならのことですよ。寺方ではなぜ盃のことを転失気というのですか？」

和尚「これもあまりやりすぎますとブーブーが出ます」

ブーブーはおならの音と、酔った人が「ブーブー」と不平不満や文句を言うことをかけているんだ。和尚さんが負けず嫌いで、屁理屈を言ったんだ。

与太郎が新築の家をほめに行くが ほめ言葉が、うろ覚えで失敗して

「牛ほめ」

ストーリー

与太郎は、父親から「佐兵衛おじさんが家を新築したからほめてこい」と言われます。「家は総体檜づくり、畳は備後五分べり、天井は薩摩のうずら木……」、と父親にほめ言葉を教えられ紙に書いてもらい、与太郎は出かけます。

おじさんのうちで、与太郎はほめ言葉を言おうとしますがうまく言えず、そっと紙をとり出します。「見ないでよ」とおじさんに言い、ほめ言葉を読む与太郎。続いて、与太郎は、台所の柱にある節穴を見つけ「秋葉様（秋葉神社）のお札をおはりなさい。穴がかくれて火の用心になります」と言います。するとおじさんは感心して、与太郎におこづかいをくれます。

次に与太郎は、おじさんが飼っている牛を見に行きます。牛のお尻を見て、「おじさん、この穴に秋葉様のお札をおはりなさい」と言いますが、おじさんは「そんなことをしたらバチがあたる」。すると与太郎、「ううん、穴がかくれて、屁の用心になります」。

豆知識

江戸落語に登場する与太郎は、言いまちがえたり、勘ちがいしたりと失敗する。「道具や」では古道具を売り損なう。そのほかにも「金明竹」「孝行糖」など与太郎の話は多い。少し知恵たりない与太郎だが気持ちはやさしく素直な性格の愛すべき人物なのだ。

落語を見に行こう

「牛ほめ」の一場面を読んでみよう

与太郎は父親に、佐兵衛おじさんが家を新築したからほめてこいと言われ、ほめ言葉を紙に書いてもらって出かける。

与太郎：こんにちはー。おじさん、今日は新しい家をほめにきたよ

佐兵衛おじさん：それはうれしいなあ。うんとほめておくれ

与太郎：このうちは、総体へのきづくりですね。畳は貧乏でぼろぼろで、佐兵衛のかかあは ひきずりだ

※ひきずり……着飾ってばかりいて働かない女の人。

佐兵衛おじさん：なんだと

与太郎：あれ？　まちがえたかな。おじさん、こっちを見ないでよ。あっ 全然ちがうや。えーと、この家は総体檜づくりでございます。畳は備後の五分べりで、天井は薩摩のうずら木

こっちを見ないでよ

佐兵衛おじさん：お前、なんか読んでんのか

与太郎：だめだよ。こっち見ちゃ

27

「時そば」

ずるい男が一文をごまかす それを見ていた男が まねをしようとして……

ストーリー

そば一杯の値段が十六文だった江戸時代のお話です。ある夜、屋台のそば屋で男がそばを食べながら、箸や丼をさんざんほめています。そばを食べ終えて、そば代をはらう男。「ちょっとこまかいよ」と小銭を出して、そば屋の手のひらに一文ずつ、のせていきます。男「一、二、三、四、五、六、七、八。今、何時だい」。そば屋「へい、九つで」。男「十、十一、十二、十三、十四、十五、十六文と、ごちそうさま」。そして男は帰っていきました。九つは夜の12時ごろのことで、男はそば屋に「九つ」と言わせて、一文をごまかしたのです。

これを見ていた男が、次の夜に、前夜の男のまねをしてそばを食い勘定をはらおうとします。「一、二、三……」と八つまで数え、「今、何時だい」と聞くと、そば屋「へい、四つで」。すると男は「ええー。五、六、七、……」と多くはらってしまいました。四つは午後10時ごろ。うっかり早い時間にそばを食べてしまい、損をしたのでした。

豆知識

江戸時代のお金は、金、銀、銭の3種類があった。庶民が使うのは銭で、一文銭、四文銭、百文銭などがあった。千文を一貫文といって、一両は四貫文だった。一両（現在の6〜8万円くらい）あるとそばが250杯も食べられたんだ。

「時そば」の一場面を読んでみよう

江戸の夜、屋台のそば屋で男が、「そばがうまい」「丼がいい」とさんざんほめて、そばを食べている。▶45ページ 勘定をする時に……

ずずーっ

男 ずずー、ああ、うまかった。いくらだい

そば屋 十六文、いただきます

男 十六文？ 銭は細かいけど、いいかい？ じゃあ、手を出してくれ。
一、二、三、四、五、六、七、八。今何時だい

そば屋 へえ、九つで

男 十、十一、十二、十三、十四、十五、十六

ふつうは、四文銭ではらって、一文銭ではらうことはあまりなかったんだ

熱いお灸でも熱いと言わない江戸っ子のやせがまん

「強情灸(ごうじょうきゅう)」

ストーリー

お灸をすえてきた男が、「お灸は熱い!」と友だちに話します。それを聞いた友だちが強情な男で、「お灸なんか熱くない」と言いはります。そして、もぐさを左の腕に山盛りにして火をつけたです。「こんな灸がなんだ。ぜんぜん熱くないよ」と。「そりゃそうだ。だ火がまわってないから」と言われると、強情な男はウチワであおぎじめます。

そして、「石川五右衛門は釜の中で油でゆでられたんだ。八百屋おは火あぶりだい。女で火あぶりだぞ!」と強情な男。お灸がどんどんくなります。とうとうがまんの限界!

強情な男も耐え切れずにお灸をはらいのけてしまいました。「お冷てぇ! おれは熱くはないが、五右衛門はさぞ熱かったろう」。

豆知識

お灸とは、ヨモギという植物の葉を乾かしてつくったもぐに火をつけて、肌の神経の集まっているところに熱を加え治療法。わずかな量でも熱い。江戸時代には、さかんに行わていた。とても熱いことから、今でも人をしかって痛い目にわせることを、「お灸をすえる」という。

「強情灸」の一場面を見てみよう

「お灸なんか熱くない」と言う強情な男は、もぐさをたくさん左の腕にのせて、火をつける。

強情な男：熱くないよ

男：そりゃそうだ、まだ火がまわっていないもの。これからだよ

強情な男：あおいじゃうよ。うっ……くっ……

うー、くー。石川五右衛門は釜の中で油でゆでられたんだ。八百屋お七は火あぶりになった。女で火あぶりだぞ！うー、石川……、くー

強情な男

動き
強情な男はがまんしきれずに、もぐさをはらい落す。

うー、冷てえ

男：冷てえってやらあ。強情だねえ。熱かったろう

強情な男：いやぁ、おれは熱かねえが、五右衛門はさぞ熱かったろう

犬が人間に変身するが、中身は犬のまま……

「元犬」

ストーリー

江戸の蔵前にある八幡宮に、体がまっ白なシロという犬がいました。参詣の人から、「白犬は次の代には人間に生まれかわれるよ」と言われます。(それなら今の代で人間になりたい)と思ったシロは、八幡様にお願いします。すると本当に人間になったのです。

姿は人間ですが、中身は犬のまま。着物も着ていません。裸のままでいると、親切な口入れ屋(今のハローワークのような仕事)の上総屋さんが見つけ、家につれていってくれました。上総屋さんは、あるご隠居さんのところで働かせようとシロをつれていくことにします。

ご隠居さんはお元さんという女中と二人暮らし。ご隠居さんが「おがわいて鉄瓶がチンチンいっている」と言うと、この男は、犬のチンをしてしまいます。「茶を焙じる焙炉を取ってくれ」と言われると「えろ」と言われたとかんちがいして「ワンワン」と吠えます。おどろいたご隠居さん、「これ、元はいないか、元は居ぬか」と女中のお元さんをよびました。すると、男は「はい、今朝ほど人間になりました」。

落語では動物が主役の話もたくさんある。人を化かしたり、恩返しにきたりするタヌキ ▶41ページ やキツネの話は多く、「狸札」「狸の鯉」「七度狐」「王子の狐」などがある。

※女中……家事など家の中のことを手伝う女性。今のお手伝いさん。

落語を見に行こう

「元犬」の一場面を読んでみよう

人間になった犬は口入れ屋の上総屋さんの紹介で、ご隠居さんのところで奉公することになった。

ご隠居さん：そうそう、おまえさんの名前はなんてんだい？

元犬：シロです

ご隠居さん：白吉とか白太郎ってのかい？

元犬：いえ。ただ、シロです

ご隠居さん：只四郎？　ああ、いい名だ、いい名だ。おいおい、鉄瓶がチンチンいってるから、ちょっとふたをきっとくれ。チンチンいってるだろ

※ふたをきる……ふたを少しずらしておくこと。

元犬：チンチンですか？あんまり得意じゃないんですけどね

元犬：チンチン！

※奉公……住みこみで家事など、その家の仕事をすること。

マンガで読む 地獄八景亡者戯

死んでも元気!? 世にも珍しい地獄案内

「地獄八景亡者戯」

ストーリー

娑婆（人間が住む世界）から地獄に続く暗い道を亡者が歩いています。くさった魚にあたって死んだ男や、娑婆ではびっくりして、地獄を見学しようと死んだ「あの世ツアー」の参加者などおおぜいです。

地獄にも、寄席、劇場、映画館など、娑婆と同じようなものがあるそうで、そこには死んだ有名人がたくさん！ 地獄大学という名門大学もあり、入学試験がきびしく、「受験地獄」は地獄が本場で、娑婆がまねしたとか。

さて、亡者たちが閻魔大王のいる閻魔庁に着きました。閻魔大王は亡者が生前、どんなことをしたかを判定して、亡者の行き先を極楽か地獄に決めています。医者と山伏と軽業師と歯ぬき師は生前に悪いことをしており、特に罰が与えられました。

まず四人は熱湯の釜に入れられます。しかし山伏が「水の印」を結んで熱湯をさましてしまいました。次に閻魔大王は針の山にのぼらせますが、軽業師は足の裏が板のようにかたくて、三人を体にのせて楽々とのぼってしまいます。閻魔大王は怒って、四人を人呑鬼という鬼に食べさせようとします。しかし、歯抜き師が鬼の歯をぬいて、四人はかまれることなく飲みこまれました。医者は腹の中の様子を知っていますので、鬼の腹の中の筋を引っぱっては、鬼をさんざんに苦しめるのでした。

豆知識

江戸時代はお寺に地獄の絵がかかっていて、みんなが地獄を知っていた。親は子どもがウソをつくと「閻魔様に舌をぬかれるぞ」としかった。悪人は地獄に落とされ、針の山、血の池で苦しみ、人呑鬼に丸飲みされるといわれている。

※亡者……死んでさまよっている人の霊。　※山伏……山などで仏道の修行をする人。
※軽業師……身軽な動きで、いろいろな曲芸を行う人。　※歯抜き師……昔の歯医者さん。

「地獄八景亡者戯」の一場面を読んでみよう

亡者たちが閻魔大王の前にならべられ、これからお裁きを受ける。閻魔大王が登場。扇子を笏にして、つっぱっている。

〜♪〜〜♪〜〜♪　はめもの（三味線と太鼓と笛の伴奏）が入る〜〜♪〜♪〜〜♪

閻魔大王は威厳をもって唐服をまとい、王という字のついた王冠をかぶり、手には、笏を持って、かーっと大きな口をあけてこわい顔をしています。

解説（地の文章）
地の文章……登場人物のセリフではなく、場面などを説明する文。

閻魔大王
赤鬼、青鬼、亡者をめしつれましたか

青鬼
はは、目の前にひかえさせてございます

閻魔大王
本日の亡者は何人じゃ

青鬼
その数は、もじゃもじゃとまいっております

落語を見に行こう

コラム4 陽気でにぎやかな上方落語

江戸（現在の東京）と上方（現在の大阪や京都）には、それぞれ江戸落語と上方落語があります。江戸落語は座敷などの屋内で行われましたが、上方落語は大通りや神社の境内など屋外で行われることが多かったのです。そのため、三味線の伴奏をつけたり、見台という机を強くたたいたりして、人の気を引いていました。江戸の落語家は粋やさっぱりした気風を大事にしますが、上方の落語家は笑ってもらうために、陽気ににぎやかに落語をつとめます。

上方落語の高座

手ぬぐい
使い方は江戸落語と同じ。
▶42〜45ページ

扇子
江戸落語と使い方は同じ。
▶42〜45ページ

たたき
皮で外側を包んだ張扇。「たたき」で調子をとる時もある。

小拍子
2本1組の小さな角材。見台に当てると高い音がする。場面転換の時にたたく。

見台
木でつくられた小さな机。ここで小拍子をたたく。本物の机に見立てることも多い。

ひざかくし
上方落語に独特のもの。着物の裾の乱れが見えないように隠す、木でできたついたてのような置物。

話を盛り上げる「はめもの」

はめものとは、三味線、太鼓、笛などの伴奏のこと。上方落語ならではのもので、話の中で演奏されて、にぎやかさが増す。落語の途中で「その陽気なこと」という言葉をきっかけにして、はめものがはじまることが多い。芸者遊びやお祭りなど、にぎやかな話がさらに華やかになる。落語家が小拍子をたたくのがきっかけで、はめものを終える。

にぎやかなはめものは、江戸落語との大きなちがいだね。そのほかにも、高座におかれる見台、ひざかくし、小拍子も上方落語特有のもので、舞台が派手に見える効果があるよ。

江戸落語と比べてみよう

上方落語は、大阪弁で語られ、動きが大きく、着物も派手で、笑わせることが中心のおもしろい話が数多くある。明治時代、上方に行った東京の落語家が上方落語を覚え、東京でもできるようにつくりかえた演題がたくさんある。そうした演題は、上方と江戸でタイトルや話し言葉が異なる。

[比べてみよう！]　内容が同じでタイトルが異なる話。

上方落語	江戸落語
時うどん	時そば
貧乏花見	長屋の花見
いらち俥	反対俥

同じような話でも、タイトルがかわるんだね。

[比べてみよう！]　「子ほめ」より　ご隠居さんの話し言葉。

上方落語

だれやと思うたら、おまはんかいな。まあ、こっちへ入ったらどや

江戸落語

おお、八っつぁんかい、こっちにおあがりよ

落語家の着物と道具

　落語家は高座では着物を着ます。着物は舞台衣装ですので、落語家は着物に大変に気をつかいます。表からは見えない裏地にこるおしゃれな落語家も少なくありません。季節にあわせてかえます。

着物

羽織
着物の上から羽織り、前に紐がついていて結ぶ。落語家は二つ目になると、羽織を着ることが許される。

紋
羽織には紋が描かれている。紋は自由につくれる。桂扇生さんの紋は釜敷桜。

着流し
羽織や袴をつけない状態を着流しという。夏は絽という薄く透けている生地の着物、冬には袷という裏地がつく着物を着る。

足袋
着物の時にはく。落語家は高座では白い足袋しかはかない。

落語を見に行こう

特別な日の着物

お正月の三が日など、特別な日には黒紋付とよばれる黒の着物と羽織を着たり、そこに袴をたして着たりする。黒紋付は落語家の正装。

黒紋付 　　　　黒紋付＋袴

道具

落語家は、扇子と手ぬぐいを持って高座にあがる。扇子と手ぬぐいは落語家には欠かすことができない道具。

手ぬぐい

落語家はたくさんの手ぬぐいをもっている。高座にあがる時は、演題や着物の色にあわせる。

扇子

扇子はなにも描いていない白扇を使う。

落語家は、オリジナルの手ぬぐいをつくってくばることがある。写真は桂 扇生さんの手ぬぐい。

落語の動き1

　落語は一人で、登場人物を語り分ける芸です。落語は会話で進めます。向かいあってしゃべっている二人をわかりやすく表現するために、落語家は右を見たり、左を見たりします。これが「上下をきる（つける）」といって、落語の大きな約束事になっています。

 ## まるで相手が見えるよう！ 上下をきる動き

　客席から見て右側が上手、左側が下手です。家は上手にあり、外が下手なので訪ねる人は上手に向かいます。家にいる人は下手に向かいます。地位の高い人は上手にいますので下手に向かって話します。話す時は相手がそこにいるように、視線を向けることも大事です。

下手にいる人

部屋に入る時、部屋の外が下手になり、部屋に入ろうとする人は上手を向きます。そのほか、子どもや目下の人が下手にいます。

上手にいる人

部屋の中にいる人は上手にいて、部屋に入ってくる人を見は、下手を向きます。

姿勢や動きで演じ分ける いろいろなキャラクター

落語を見に行こう

子ども
子どもは下手にいて、大人と歩いている時は視線を上向きにし、上手に向かって話す。

ご隠居
表情はあくまで穏やかに、言葉つきも上品にする。
▶14ページ

商家のおかみさん
を重ねて、どちらかのひざにおく。物腰はわらかく、着物の襟をあわせる動きなど、っぽく見せる。

たいこもち（幇間）
扇子を持っておおげさに話す。常ににこやか。お客さんをよろこばせるためにお世辞を言う。
▶15ページ

侍
背筋をのばし、座っている時は太股に手をおき、武士としての威厳をしめす。
▶15ページ

職人
両ひざに手をおき、肩をはる。職人になったような気持ちで演じると自然と力が入る。
▶14ページ

タヌキ
背中を丸め、手を結んで丸くし、自然に手をつく。タヌキになったような気持ちで演じる。

落語の動き2

落語家の小道具は扇子と手ぬぐいだけです。この二つで、話の中に出てくる多くのものを表現します。

船をこぐ

扇子を船の櫓に見立てて、半立ちになって、腰を入れてこぐ。

＼落語を見に行こう／

槍をさす

扇子と指で槍をあらわし、かまえる。

槍をあらわした姿勢のまま、突き出し、さす。

かごをかく

片方の手の手のひらを上にし、肩の前でかごの棒を持っているようにする。

「へっほっ」とかけ声をかけながら走っているように動く。

天秤をかつぐ

豆やで〜ございっ

天秤に乗せたものを売るために歩いている様子をあらわす。

財布から小銭を取り出す

手ぬぐいを財布のかわりにして、手ぬぐいの後ろから手をおろす。

財布の中をさぐるように、下を見て動かす。

小銭を持ったように手の形をつくり取り出す。

43

手紙を読む

扇子を少し広げて封筒をあらわす。
指で封筒の上を切るように少しずつ動かす。

扇子を広げて手紙をあらわす。
視線を上下に動かして読む。

手紙を書く

手ぬぐいを紙、扇子を筆にする。
チョイチョイと筆に墨をつける。

手ぬぐいの紙に扇子の筆で手紙を書く。

落語を見に行こう

大きな盃でお酒を飲む

扇子を広げて、大きな盃に見せる。広げた扇子の三角形の角に口をつける。

扇子を上げていき飲みほす。

そばを食べる

▶29ページ

閉じた扇子を箸に見立てる。江戸っ子は威勢よく、ずるずるっとそばをすする。舌を口の中でふるわせて食べる音を出す。

そばの中のちくわを食べる。しっかりと扇子の箸を口まで運ぶ。

歯みがき

江戸時代の歯ブラシは木でつくり、「房楊枝」とよばれた。扇子を房楊枝に見立てる。扇子を立てて歯をみがく。

江戸時代でも歯みがきは大切な習慣だったんだよ。

落語の歴史

人間の生活に笑いは必要です。仏教は大切な教えで、お寺のお坊さんは日本各地で説教をしましたが、聞く人たちを笑わせる技術ももっていました。江戸時代の初期、京都の安楽庵策伝というお坊さんが笑い話を集めた『醒睡笑』が落語の原点といわれています。「平林」「子ほめ」などのもとになる話がのっています。

落語のはじまり

落語のはじまりは戦国時代のお伽衆といわれます。豊臣秀吉につかえた曽呂利新左衛門が特に有名で、おもしろい話をしては秀吉を笑わせました。そして、江戸時代、同じような時期（17世紀末）に、京都に露の五郎兵衛、大坂に米沢彦八、江戸に鹿野武左衛門という人たちがおり、落語の興行をしました。これが職業落語家のはじまりといわれています。その後、江戸では、烏亭焉馬、三笑亭可楽などが活躍して、落語が根づいていきました。

鹿野武左衛門が話している様子が描かれた絵。
早稲田大学図書館所蔵：鹿の筆巻（ヘ13-1960）

今に伝わる落語をつくった三遊亭圓朝

三遊亭圓朝は幕末から明治時代にかけて活躍した落語家で、近代落語の祖といわれる名人です。圓朝の落語は当時の速記本として印刷されたり、新聞に連載されたりし、話し言葉の文章は、新しい文章の形として明治の文学の世界に大きな影響を与えました。たくさんの落語を自分でつくり、「怪談牡丹灯籠」「芝浜」など今も高座にかけられている話がたくさんあります。今でも夏の命日には圓朝忌として落語家やファンが集まって記念の会を開いています。

三遊亭圓朝の落語がそのまま書かれた本が残っている。
早稲田大学図書館所蔵：菊文様皿山奇談（文庫11-A395）

伝統と新作

落語家は伝統話芸として昔からの落語を演じています。それと同時に現在の話もつくって演じます。三遊亭圓朝の作品も、つくった当時はもちろん新作でしたが、今では「古典落語」として演じられています。現在、東京と大阪で800人近くの落語家がいます。「新作落語」をつくる落語家も増えていて、桂文枝、三遊亭円丈、桂小春団治、立川志の輔、柳家喬太郎、三遊亭白鳥などが有名です。

※大坂……大阪の昔の表記。　※速記本……落語や講談で話された内容を書き取ったもの。

人間国宝になった落語家

人間国宝とは重要無形文化財保持者といって、国が認めた技能をもつ人のことです。落語家で人間国宝になった人はこれまでに三人います。

柳家小さん（五代目）

落語界で初の人間国宝。滑稽噺の名人。自然な話し方と豊かな表情で聞き手を楽しませた。「タヌキを演じる時はタヌキになった気持ちになれ」という教えが有名。得意な演目は「長屋の花見」「禁酒番屋」など。2002年、87歳で死去。数多くの弟子を育てた。今の柳家小さんは六代目で、五代目の長男。

桂 米朝（三代目）

上方落語を復活させた名人。大阪弁だが、知的なわかりやすい語り口で全国的に人気があった。「地獄八景亡者戯」「算段の平兵衛」など多くの上方落語を復活させた。落語の研究者として著書も多い。2015年、89歳で死去。

柳家小三治（十代目）

五代目・柳家小さんの弟子。師匠と弟子の二代にわたり人間国宝になった。一見いかめしい顔だが、楽しい落語で笑わせる。得意な演目は「芝浜」「小言念仏」など。マクラがおもしろいことでも有名。現役なので、今でも寄席に出演している。

コラム5　落語家の名前

落語家の名前は洒落でつけることもあります。寄席をはじめたといわれている三笑亭可楽は「山椒はからい」という言葉からきています。三遊亭圓生は、もとは山遊亭猿松と書き、「山で猿が遊んでいる」というおもしろい名前です。現在でも五街道雲助、森乃石松などおもしろい名前の落語家がいます。

亭号

亭号は落語家の苗字のこと。江戸時代から今も伝わる亭号は、東京では、柳家、三遊亭、古今亭、三笑亭、林家、金原亭、橘家、雷門、桂などがある。上方では、桂、笑福亭、露の、林家、月亭、森乃などがある。

代々受けつがれる名前

落語は伝承芸で、代々受けつがれている名前もある。受けつがれる名前の中でも伝統がある名前を大名跡といい、柳家小さん、林家正蔵、桂文楽などがある。三遊亭圓朝の名前は大きすぎて、だれも継いでいない。昭和の名人だった古今亭志ん生、三遊亭圓生も、未だに名のる落語家はいない。現在の林家正蔵は祖父の芸名を、林家三平は父の芸名を継いでいる。

落語家になるには

落語家になるには落語家に入門しなければなりません。好きな師匠に会って、入門したいとお願いします。師匠は、この職業は見かけよりも派手ではなく厳しい修行があることなどを話します。そのうえで入門が決まります。

1 前座見習い

通い弟子といって、師匠の家に通うことが多いですが、師匠の家に住みこむ内弟子とよばれる弟子もいます。師匠の家の家事の手伝い、師匠の身のまわりの世話、師匠の荷物持ちなどをします。入門した師匠によって仕事は大きく異なります。

2 前座

入門後、1年から1年半が過ぎると、前座になります。ここから寄席で前座としての修行がはじまります。出演者の着物をたたむ、着つけを手伝う、お茶をいれる、はき物をそろえる、太鼓をたたく、高座の座布団を裏返す（高座返し）▶8ページ、めくり▶9ページ をめくる、根多帳をつける、などいろいろな仕事をします。

3 二つ目

数年で二つ目に昇進します。高座で、紋付の着物や羽織、袴の着用が許されます。師匠の家の仕事や寄席での修行はなくなります。これからは自分の力で生きていかなければなりません。

4 真打

二つ目から10年ほどで真打に昇進します。実力のあるものは先輩を追い越して、もっと早くなれる場合もあります。寄席のトリ（最終の出演者）をとれて、師匠とよばれ、弟子もとれるようになります。落語の世界の階級の最上位です。

写真：宝井琴調（講談師）

講談を見に行こう！

講談ってどんなもの？

講談は、歴史上の戦いや英雄・豪傑の話などを調子よく独特の口調で語る話芸です。江戸時代に起こりました。落語とちがって笑いは少なく、「オチ」もありません。日本人の昔からの考え方や、作法、習慣なども学べます。

講談師

講談を話す人を講談師または講釈師といいます。講釈と講談は同じものです。「講釈師見てきたような嘘を言い」と江戸の川柳にもあるように、講談師は実際にあった話をもとに語ります。江戸時代、講談師はリポーターのような存在でした。現在もアメリカの有名人ビル・ゲイツや野球のイチロー選手を題材にした話など新作講談が数多くつくられています。

張扇と釈台

講談師は張扇と扇子を持って高座に出ます。張扇は竹の芯に厚紙を巻いてつくります。講談師がそれぞれ自分でつくっています。釈台は小さな木の机で、講談師は、昔、この上に台本をのせて、読みながら語りました。今も読みながら語ることもあります。そのため、講談では演目のことを「読み物」とよぶこともあります。本を読まずに語ることを無本で読むといいます。

張扇 ▶71ページ　釈台 ▶71ページ

講談を見に行こう

講談は講談師一人で物語を語るんだ。
人物や景色をまるで見てきたように話すんだよ。
聞いていると場面が鮮やかに想像できるんだ。

武士
▶57ページ
「寛永三馬術 曲垣平九郎 愛宕山梅花の誉れ」で急な石段を馬でかけのぼる武士

龍
▶59ページ
「左甚五郎 水呑みの龍」で木に彫られた龍

地蔵
▶61ページ
「大岡政談 しばられ地蔵」で捕まる地蔵

若い侍
▶63ページ
「源平盛衰記 那須与一扇の的」で、弓矢で扇を打ち落とす若い侍

堂々たる侍
▶65ページ
「川中島 謙信と信玄の一騎打ち」に登場する武田信玄

幽霊
▶67ページ
「怪談牡丹灯籠」に登場する女の幽霊

講談から生まれたヒーロー

　講談は英雄たちの物語です。豪傑が戦場で大暴れをしたり、立場は弱いけれど男気ある人が立場の上の者に抵抗したり、偉人が苦労の末に成功したりします。講談では先人たちの成功から多くのことがらが学べます。現代の映画やアニメなどで活躍するヒーローの中には講談がもととなったものが多くあります。

大岡越前守忠相

大岡越前守忠相は実在の町奉行 ▶60ページ 。よい政治を行い、江戸の人々に愛されました。講談には二人の母親に子どもの手を引っぱらせる「本当の母親」や「三方一両損」など、公正で人情がある話がたくさんあり、今でも名裁きのことを「大岡裁き」といいます。講談界の有名なヒーローです。

こんな話に登場
- 「村井長安」
- 「白子屋おくま」
- 「天一坊」

柳生十兵衛

柳生十兵衛は江戸時代の剣術の名人で柳生新陰流を極めました。剣術、馬術、弓術、槍術などの武芸に通じていて、徳川家の兵法指南役もつとめました。講談では、片目の剣豪として描かれ、修業時代の道場破り、敵討ちの助太刀、山賊退治など、さまざまな逸話が残っています。講談界では柳生十兵衛は二刀流の宮本武蔵とならぶ剣豪のヒーローです。

こんな話に登場
- 「柳生十兵衛旅日記」
- 「柳生二蓋笠」

清水次郎長

幕末から明治時代に生きた山本長五郎は清水（静岡県）のばくち打ちでしたが、強きをくじき、弱きを助けて「海道一の大親分」と人気がありました。講談では若いころのケンカ沙汰の話がありますが、晩年は富士山の山麓の開墾や海運業で世の中につくしました。森の石松、大政、小政、桶屋の鬼吉など多くの子分たちがおり、中でも森の石松が特に有名です。

こんな話に登場
- 「次郎長と黒駒の勝蔵」
- 「森の石松金毘羅代参」
- 「吉良の仁吉」

水戸黄門

黄門とは中納言のこと。水戸黄門は水戸（茨城県）の藩主、徳川光圀です。実際の光圀は全国漫遊はしませんでしたが、講談では、隠居をしてから助さんと格さんをつれて全国を漫遊、各地の悪代官をこらしめる正義の人として描かれています。

こんな話に登場
- 「水戸黄門全国漫遊記」
- 「湊川　楠公の碑建立」

一休さん

一休さんは室町時代の僧侶、一休宗純のこと。小僧のころからとんちにすぐれていました。講談にある「屏風の虎退治」や「この橋わたるべからず」は今でも、おなじみの話です。講談では成長してからの姿や、隠居の時の話も語ります。「地獄と極楽の問答」もおもしろい話です。

こんな話に登場
- 「一休と禅居の塔婆問答」
- 「一休と貉」
- 「一休咄」

講談を見に行こう

話の種類

　講談は軍記物からはじまったため、軍談が多く、英雄、偉人、剣豪、政治家などの歴史上の人物がとりあげられています。そのほか、泥棒が主役の白浪物や、江戸の庶民の生活を描いた世話物など、講談の話はいくつもの種類に分けることができます。

軍談とよばれて講談を代表する演目。敵味方が名のりをあげ、鎧兜などの説明や戦いの様子を語る。古くは南北朝時代の「太平記」、上杉謙信と武田信玄の戦いを描いた「甲越軍記」、徳川家康と武田信玄との戦いを描いた「三方ケ原軍記」など数多くある。

白浪とは泥棒、盗賊のこと。「鼠小僧」は金持ちから金品を盗んで貧しい人たちにくばるよい泥棒として有名で、さっそうとかっこよく描かれている。しかし、泥棒は悪人なので、最後はつかまって処刑されてしまう。

江戸時代の町人社会の出来事を描いた講談。江戸の庶民の哀しみや苦しみを語り、貧しく暮らす江戸の町人に人気があった。「お富与三郎」「天保六花撰」「髪結新三」「寛政力士伝」「徂徠豆腐」などが知られている。

最初に覚える演目 軍記物「三方ケ原軍記」

三方ケ原の戦いは、元亀3(1572)年の徳川家康と武田信玄の戦いで、若き日の家康の最初の負け戦さです。のちに「戦さ上手」といわれた家康のこの合戦の模様を、講談師は最初に覚えるのです。

独特のリズム「修羅場読み」

修羅場読みは、「しらば読み」「ひらば読み」ともいい、講談独特の口調で、講談の基本とされている。修羅場とは激しい戦いの場面のこと。大将どうしの名のり(自己紹介)、大将の鎧兜などの出で立ち、乗っている馬の紹介、戦闘場面の様子など、調子をつけて読みあげていく。大きな声で発声し、張扇を打ち、リズムをとって息継ぎを覚え、話し方を身につける。

「三方ケ原軍記」の修羅場の一部を読んでみよう

元亀三年の十月十四日、武田信玄の軍勢三万五千人あまりは、甲府を出発し、途中五千人あまりの軍勢を加えて、飯田、多々羅の城へ攻めて行った。

場面

張扇や扇子のたたく音が入る

家康公、「にっくき武田勢がふるまいかな、片時も捨て置きがたし」と急ぎ、櫓を下り給ひ、パンにわかに諸将をめして、「出陣の用意、用意」とおおせ給ふ。パンパン
酒井、石川の面々、言葉をそろへて、「御諚ごもっともには候へども、敵は目に余る大軍、味方は小勢にして、これに当らんこと、思ひも寄らず、暫く御出陣を御止どまりあれ」パンパンと御諫め申し上ぐるや、パン公、憤然と御怒りあり。パンパン「やあー。言い甲斐なき者どもかな、我領分を乱暴され、何ぞやみやみ籠城いたすべきや。領主たる者、民と共に苦しみ、民と共に楽しむが天道なり。臆病者は籠城せよ。心ある者は我に供せよ」と只一騎駆けに御出馬ある。

場面の内容

「にくい武田の軍勢が！そのままにはしておられん」と家康公は急ぎ櫓をおり、すぐに家来の武将たちをよび集め「出陣の用意！用意！」と言いました。酒井、石川たち家来は、みな声をそろえて「おっしゃられることはもっともです。しかし、敵の数は大変多く、味方は少数です。どうか、出陣はお待ちください」と家康公に忠告しましたが、家康公はその忠告に大変怒り、「なんと張りあいのない者たちだ。自分の土地を荒らされ、どうして城にこもっていられようか。領主として、民とともに苦しみ、楽しむのが正しい道であろう。臆病者は城にこもっていればよい。敵の行いを許せない者は我とともに来い」とただ一人、馬でかけ出していくのでした。

急な石段をかけあがる驚きの馬術

「寛永三馬術 曲垣平九郎 愛宕山梅花の誉れ」

ストーリー

「寛永三馬術」は江戸時代の寛永年間（17世紀前半）、馬の名人といわれた三人の武士の長編物語。はじめの話がこの「曲垣平九郎　愛宕山梅花の誉れ」です。寛永11(1643)年正月28日、三代将軍の徳川家光は二代将軍の秀忠のお墓参りの帰りに、江戸は芝の愛宕神社を通ると、春の日であったので山の上から梅の香りがただよってきます。家光はつきそってきたおおぜいの家来に、「石段を馬でかけあがって、梅の枝を取ってくるように」と命令します。次々に三人の武士が挑戦しましたが、三人とも石段の途中から転げおちてしまいました。

家光は「ほかにあがるものはいないのか。徳川の武勇は地に落ちた」と悔しがります。ここに讃岐丸亀藩（今の香川県）の藩士、曲垣平九郎が名のりをあげて、チャレンジします。石段をあがり、梅の枝を折り取り、また石段をおりて、家光にさしだし、曲垣は家光から「日本一の馬術の名人」とほめられました。

 愛宕神社は、東京都港区に現在もあり、パワースポットとして有名。曲垣が馬であがった石段は男坂とよばれ、正面から見ると断崖絶壁のようだ。

「寛永三馬術 曲垣平九郎 愛宕山梅花の誉れ」の一場面を読んでみよう

講談を見に行こう

寛永十一年正月の二十八日、芝、愛宕山の下を通りかかりました徳川家光公は山の上に咲いております梅の花を見て……

家光：誰ぞ、山上の紅梅、白梅を馬にて乗りあがり、手折ってまいれ

と命じます。家光公の仰せのもと、馬術自慢の三名、パン♪ 藤堂の家来、山本右京忠重、パン♪ 佐竹の家来、鳥居喜一郎重房、パン♪ 水戸の家来、関口六助信連、パン♪ それぞれパッパッ、パッパッ、石段の下で輪乗りをかけて、階段を馬でかけあがる武士「ハイヨーッ」パン♪ ピシリと鞭を入れて、石段を登っていきましたが、まるで絶壁のような九十六段の石段、いずれも、七合目で馬がピタリと止まります。そこで下を見た三人があまりの高さにおびえて、またピシリと鞭を入れると、馬が驚いて、

馬：旦那ッ。なにをするんです。ヒッ、ヒーン

馬は竿立ちになるとそのまんま、まっ逆さまに落ちてしまいました。パン♪ 家光公、ガッカリしておりますと、いま一人、

曲垣平九郎：ハイヨーッ

パッパッ、パッパッと石段を登っていきます。パン♪

家光：何者なるか。

家来：はは、四国丸亀、生駒雅楽守が家来、曲垣平九郎なるものにございます

家光：おお、左様かっ

家光公、御覧になっておられると、曲垣平九郎、七合目まで登って、これまた、ピタッと止まりました。パン♪ 曲垣が見ると、馬の太鼓腹、波を打って、全身汗びっしょり。この時、曲垣が石段の下を見ます。ここで、名人と上手の差が出ました。

曲垣平九郎は、馬にムチを入れなかったから、成功したんだね！

名人大工の不思議な物語
木に彫った龍がぬけ出してくる
「左甚五郎 水呑みの龍」

ストーリー

江戸時代、三代将軍の徳川家光は、上野寛永寺の鐘楼の四本の柱に龍を彫らせようと思いました。日本中からり物の名人が選ばれました。浪花（今の大阪府）の吉兵衛、下野（今の栃木県）の善兵衛、江戸神田の源太郎の三人は、松平伊豆守が選びました。もう一人は大久保彦左衛門が左甚五郎を推薦しました。左甚五郎はの手本を探し方々を歩きましたが見つかりません。甚五郎は不忍池弁天様に、「本物の龍を見せてください」とお祈りをします。

その甲斐があって、甚五郎の目の前に、本物の龍が池の中からあられました。甚五郎はその龍のとおりに木を彫って、家光から日本一の名とおほめの言葉をいただきました。甚五郎の彫った龍は本物のように夜になると鐘楼堂からおりてきて、不忍池の水を飲んでは、また鐘楼にもどります。大変な騒ぎになりまして、甚五郎は、この龍の額に楔をちこんで動かないようにするのでした。

左甚五郎は上野東照宮（東京都台東区）の「昇り龍」、日光東照宮（栃木県日光市）の「眠り猫」などたくさんの作品を残している。講談には仏像づくり、彫り物師、絵師、陶器づくり、能の面打などたくさんの名人たちの興味深い話がある。

\ 講談を見に行こう /

「左甚五郎 水呑みの龍」の一場面を読んでみよう

三代将軍徳川家光公は上野寛永寺の鐘楼堂の四本の柱に、日本中から彫り物の名人四人を選んで龍を彫らせます。その中でも一番よくできましたのが、飛騨高山の生まれで名人と名の高い左甚五郎でございました。

ある日のこと、寛永寺の小坊主が暮れ六つの鐘を、ゴーン、ゴーンと撞き終って、鐘楼堂をおりてくると、「ズルッ。ズルッ」と音がいたします。パン♪

小坊主「あれっ。なんだろう。気のせいかな」

と思っていると、今度は、「ガサッ。ガサッ」と熊笹がゆれます。

小坊主「なんだかあやしいな」

こわいもの見たさで音のするほうへ行ってみると、なんと一匹の龍が、
山の下にある不忍池に首をつっこみ、

「ガボッ。ガボッ。ガボガボ。」

と水を飲んでおります。

龍

小坊主「うわーっ」

小坊主が腰をぬかしておりますと、龍はズルズルと山を登り、
鐘楼堂の西の柱へもどっていきました。

暮れ六つ……日が沈むころ。日が昇るころを明け六つという。

地蔵をしばる!? 大岡越前守のユニークな犯人さがし
「大岡政談 しばられ地蔵」

ストーリー
江戸時代、南蔵院というお寺の前で、呉服屋が居眠りをているうちに、500反の白木綿の反物を盗まれました。奉の大岡越前守忠相は「お寺の前に立ちながら目の前の泥棒を見逃すとはお地蔵様にも罪がある。めしとってまいれ」と命令しました。部下の田大助たちは地蔵をしばり、奉行所にかつぎこみます。「お地蔵様をでしばるとはなんと珍しいこともあるものだ」と野次馬たちはお白を見に行きました。

大岡様は、野次馬たちにお白州に無断で入ってきた罰として、白木を1反ずつさし出すように命じます。これらの白木綿を調べると、盗れた反物が出てきたのです。それを証拠に調べをすすめ、盗賊たちをまえることができました。江戸の人々は、大岡様の地蔵をしばるとい知恵に感心したのでした。

豆知識
奉行所は今の裁判所。江戸には北町奉行、南町奉行があり、罪事件の裁判をしたり、もめごとの仲裁などをしたりした。奉行様は大変な権限があり、裁判長、警察署長、消防署長、東都知事をあわせたような実権があった。南蔵院は東京都葛区に現在もあり、しばられ地蔵も見ることができる。

「大岡政談 しばられ地蔵」の一場面を読んでみよう

大岡越前守様の命令で、役人たちが南蔵院のお地蔵様を捕まえにやってきました。

南町奉行所の同心池田大助と取り方三十名、まじめくさった顔つきで

> ご用ご用。地蔵尊。ご用ご用 — 池田大助

と十手、取り縄を持って取り囲みます。パン 驚いたのが、それを見た江戸っ子たち。

> なにをやっているんだろう
> お地蔵様がなにをやったってんだい — 江戸っ子

といつの間にか黒山の人だかり。パン

> それっ、めしとれっ — 池田大助

と声をあげれば、

> やっ、ご用っ — 取り方

とおおぜいで、石のお地蔵様を縄でもってグルグル巻きにいたします。パンパン

> こりゃ、手向いをせんのは神妙の至り。きりきり歩めッ — 池田大助

といったところでお地蔵様が歩くわけがない。パン

> こやつ強情なやつだな。テコでも動かんな。いたしかたない。荷車を持ってこい — 池田大助

パン

そのまま荷車に乗っけて南町奉行所までつれて行くと、野次馬の連中もゾロゾロくっついてきて、お奉行所の中へおおぜい入っていきます。パン
いよいよこれから、お地蔵様のお取り調べがはじまった。

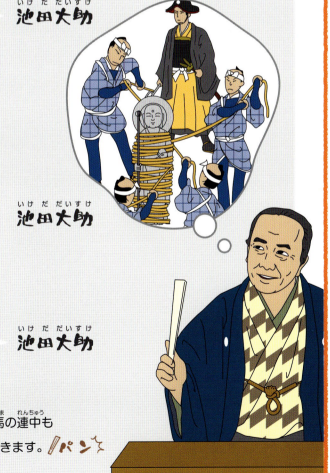

講談を見に行こう

合戦の合間の見せ場 弓矢で舟の上の扇が射落とせるか

「源平盛衰記 那須与一扇の的」

ストーリー 時は平安時代の末期、隆盛を極めた平家一門は源義経に打ち負かされ、京都から屋島（今の香川県高松市）まで逃げ行きました。屋島で平家方は海、源氏方は陸とで、にらみあっていた戦いの合間のことです。平家方の小舟が一艘、陸に向かってきました。舟には竿が立てられ、その上に赤い地に金色の日の丸が染められた扇が挟まれています。この扇を弓矢で射落としてみよ、という挑戦です。

　この挑戦を受けた源氏の総大将の源義経は那須与一に「あの扇を射ぬいてまいれ、不覚をとるな」と命令します。与一は、烏帽子をかぶり、薄紅梅色の鉢巻をし、馬の手綱をとって扇のほうへと向かいます。年のころは17歳、色白で少しひげが生え、弓の持ち方、馬乗り方など優雅な若者です。与一は神様に「うまく射させてください」と祈願すると、強風はおさまり、波も静かになりました。与一は鏑矢を弓につがえ、ヒョウと射れば狙いはそれず扇にあたり、扇は空高く、風に舞って海に落ちました。夕日が輝き波がただよう様子は、龍田山（今の奈良県の西方）秋の夕暮れ、または初瀬（今の奈良県桜井市）の紅葉のようにきれいな景色で、敵味方ともに、人々はこの妙技をほめたたえました。

豆知識 「源平盛衰記」は平家と源氏の攻防を描いた長い軍記物語。中には、源義経が馬で断崖絶壁をかけおりる鵯越えや、源氏方の熊谷次郎に討たれた笛の名手、平敦盛を描いた「青葉の笛」などたくさんの有名なエピソードがある。

講談を見に行こう

「源平盛衰記 那須与一扇の的」の一場面を読んでみよう

源 義経は那須与一に、船の上に立てられた竿に挟まれた扇を弓矢で落とすように命令します。

義経：あの扇の的を射ぬいてまいれ、晴れの所作ぞ、不覚すな 　パン

与一：ハッ

と与一、兜をばぬぎ童べに持たせ、揉烏帽子引立てて、薄紅梅の鉢巻して、手綱かいくぐり扇の方へぞ打向いける。パンパン 生年十七歳、色白く小ひげ生い、弓の取様、馬の乗形、優なる男にぞ見えたりける。パン

北風強く、磯打つ浪のうねりも高く、官女の乗れる小舟は上に下にかなりの動きを見せて、扇の的も定まらず、狙いをつけることが容易ではございません。パン

決死の覚悟を決めた与一、心静かに目を閉じて、

与一：南無八幡大菩薩、那須明神、願わくはあの扇を射させ給え。もし射損じなる時は、この場を去らず生害して果てる決心。なにとぞ大慈大悲の加護を垂れさせられ、与一を助け給えや

※生害…自ら死んでしまうこと

パン と念じ終って目を開けば、不思議や風も静まり、浪もたるんで、扇の的も射よげに見えた。パン

与一：この時ぞ

と鏑矢を取って弓に番え、満を引いてヒョウと放てば、パン 狙いは違わず扇の要ぎわから一寸ばかり上のところをプツリと射切り、パン 要は竿の先へ残り、地紙はサッと夕空高く舞い上って、ヒラリヒラリと風にもまれながら海へ颯とぞ入りにける。パパンパンパン

折ふし夕日に輝きて、波にただよう有様は、龍田の山の秋の暮。パン 初瀬の紅葉に似たりけり。パンパン

戦国時代きっての名勝負 謙信が太刀をふるい、信玄が防ぐ

「川中島 謙信と信玄の一騎打ち」

ストーリー
戦国時代、甲斐国（今の山梨県）の武田信玄と越後国（今の新潟県）の上杉謙信は領地を争って何度も合戦をくり返していました。

永禄4(1561)年9月10日、上杉謙信は卯の刻ちょうど（午前6時ごろ）千曲川をひっそりと渡り、武田信玄の本陣めがけて押し寄せます。謙信は名馬・宝生月毛に乗り、備前長船の名刀をひっさげて、ただ一騎で信玄にかかっていきます。信玄は200人の家来に守られていましたが、謙信は大きな声で「信玄法師はどこにいる、上杉謙信は今ここにやってきたぞ」とにらみつけました。信玄の家来たちは槍で防戦します。謙信はその間をすりぬけて、床几（野外で使う腰かけ）に座った信玄にむかって、馬の上から刀をふりおろします。信玄は陣刀を取るひまもなく、手に持っていた軍配団扇で受けました。謙信は三回切りつけます。信玄は軍配で防ぎましたが肩先を切られ、もう少しで命をおとすところを、そばに備えていた信玄の部下の原大隅守が謙信の馬をつきさします。馬はたまらず前足をあげ竿立ちになって、謙信は馬をあやつることに必死になり、その場をかけ去っていきました。こうして信玄は危ないところを救われたのでした。

豆知識
江戸の儒学者、頼山陽がつくった漢詩に川中島の戦いを描いた「鞭声粛々 夜河を渡る……」とある有名な話。信玄と謙信は敵どうしでも信頼はあつく、信玄の本拠地の甲斐の国は内陸で塩がとれずに困っていた時には、謙信は信玄に大量の塩を送った。「敵に塩を送る」という言葉はここからきている。

「川中島 謙信と信玄の一騎打ち」の一場面を読んでみよう

上杉謙信は朝早く、霧にかくれて川中島を渡り、武田信玄の本陣に攻めかかります。

時は永禄四年酉の九月十日、卯の一点。パン 越後方龍頭龍尾、二九十八段にて、エイエイエイエイ〜。さながら疾風のごとく廻り廻りて攻めかかる。パパンパンパン

さしもに猛き甲州勢も、これを防ぎとめることかなわず、四方八方へ散乱する。

越後方、総大将上杉不識庵謙信は、なお勢い鋭く、今すでに甲陽の総大将、武田大僧正信玄の旗本へ同勢をまとめて押しかからんと、パン 右手には備前長船小豆長光の陣刀を打ち振り、龍の雲を起こす勢いにて、信玄の床几備えへ押しかかったり。パパンパンパン

時に謙信は群がる敵を前後左右に追い崩し、信玄の床几備えに乗っこみきたり、眉庇の下より明星のごとき眼を見開き、ハッタとにらんで大音あげ、パン

> **謙信**：信玄法師は何処にあるや、関東の管領、越後の国、春日山の城主、上杉輝虎これにあり、パン 見参見参

謙信、すわっと言う間もなく信玄にかけより、小豆長光の陣刀馬上より振りおろす。パン

信玄陣刀を取るひまもなく、右手に携えたる軍配団扇にて受け流す。パンパン 一太刀、二太刀、三太刀としばしは受けつ、流しつ戦ったるが、パン 謙信の勢い鋭く、早や信玄、身には数か所の薄手を負わされ、すでに危うき折りから旗本備えの傍より一人の勇士、パンパン

> **勇士**：原大偶守、これにありっ

パン と謙信の横合よりつきかけくり出す槍先、宝生月毛の背筋へプスーッとつき通したれば、パンパン 馬はたまらず竿立ちに突っ立ち上がる謙信、必死に引きしぼる手綱もものかわ一目散に砂煙を立て、パッ、パッ、パッ、パッ、パッ、とかけ出す。パパンパンパン 信玄、危きところを逃れたわけにてございまする。

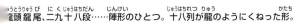
龍頭龍尾、二九十八段……陣形のひとつ。十八列が龍のようにくねった形。

マンガで読む 怪談牡丹灯籠

夜な夜な、幽霊がやってくる
足がないのに、下駄の音がカラーン、コローン

「怪談牡丹灯籠」

ストーリー

江戸時代、浪人の萩原新三郎の家に、夜な夜な、お露という娘と侍女のお米が下駄の音をならしてやってきます。お露は細かいでこぼこがでるように織られた縮緬細工に牡丹の花の模様が描かれた灯籠を手にさげて、お露は文金高島田とよばれる高く結い上げた髪型に、秋の草が描かれた振袖、赤い縮緬の長襦袢を振袖の下に着て、つやのある帯をダラリと前で結んでいます。お露と新三郎はお互いに好きなのですが、実はお露はもう死んでいて幽霊でした。新三郎にかえている伴蔵が、新三郎の家をのぞくと、新三郎は骸骨を抱いているのでした。

新三郎は幽霊を相手にしていたことを知りおどろきます。このままでは死んでしまうと、新三郎は幽霊が家に入れないように、お寺からもらった魔よけのお札を家の外にはります。侍女のお米は伴蔵に、お金を払うのでお札をはがすように頼みます。金に目がくらんだ伴蔵はお札をはがしてしまいました。よろこんだお露とお米は家の中に入ります。

次の朝、新三郎は死骸となって発見されたのでした。

豆知識

講談には怪談噺がたくさんある。幽霊が皿を「一枚、二枚」とかぞえる「番町皿屋敷」や、落語家・三遊亭圓朝作の「怪談乳房榎」「鍋島屋騒動」なども講談の演目として語られている。

※侍女……主人のそばにいて、世話をする女性。

「怪談牡丹灯籠」の一場面を読んでみよう

死んだはずのお露と侍女のお米は、毎晩、萩原新三郎の家にやってきます。

カラン。コローン。カラーン。コローン
下駄の音が聞こえると、

> 来たーっ。ヒーッ　伴蔵

伴蔵、ガタガタふるえていると、垣根をスーッとぬけてあらわれたのは二人の幽霊。ポン　一人は三十格好の侍女、手には牡丹の模様の縮緬細工の灯籠を持っています。

そのあとに、年の頃、十七、八、文金高島田に秋草模様の振袖。緋縮緬の長襦袢、繻子の帯をダラリと前でぶらさげて立っております。ポン　二人とも下駄の音がしたのに足が見えません。

> お米　伴蔵さん。伴蔵さん

> ヘーッ　伴蔵

> お米　まだお札がはがれておりません。おウラミに存じますー

それは、おそろしい顔で見つめます。ポン

> はがしますけど、お約束のお金は　伴蔵

> お米　はい。これに持ってまいりました

> いまっ、いまーはがします。ポン　伴蔵

二人をつれて、新三郎の家の裏へまいりますと、高窓へ梯子をかけて、スルスルスルっと登って、そこにはってあります、お経の書いてありますお札を、ビリッとはがしますと、ポン　梯子がグラグラグラッとゆれて、「あーっ」と言って伴蔵はほうり出されました。ポン

すると家の中におりましたる新三郎の耳元に聞こえてまいりましたのが、
「新三郎様。新三郎様」というお露の声。

> うわーっ、助けてくれーっ　新三郎

決めゼリフを読んでみよう

講談は決まり文句、決めゼリフの宝庫です。戦場では敵味方がお互いに名前を名のってから戦います。着ている鎧や兜の様子を丁寧に説明して、戦いの様子も克明に語ります。

佐々木高綱の名のり

「源平盛衰記 宇治川の先陣争い」より

> やあやあ遠からん者は音にも聞け、近くば寄って目にも見そうらえ、宇治川当手の先陣は宇多天皇九代の後胤、近江源蔵 源 秀義の四男、佐々木高綱なり

解説 はじめにある「やあやあ……見そうらえ」とは、名のりでよく使われる言いまわしで、多くの人によびかける言葉。昔の戦いは大将が自分の経歴を名のりあってからはじめた。

武田信玄の紹介

「三方ケ原軍記」より

> 清和天皇六代源頼義の三男新羅三郎義光の嫡子、刑部三郎義清より十七代の後胤、武田左京の太夫信虎の長男、甲斐源氏の棟梁なる武田大膳の大夫兼信濃守、源朝臣、春信入道法性院殿大僧正 表徳徳永軒機山信玄大居士

解説 信玄は大大名なので先祖の名前まで長く紹介する。最後の部分「春信入道……大居士」は戒名。

※後胤……子孫のこと。 ※戒名……仏の教えに従い、決められたことを守り、仏道に入ることによってつけられる名前。

講談を見に行こう

豪傑が大勢の相手を切る時の決めゼリフ

真っ向梨割り唐竹割り、パン あるいは胴切り車切り、パンパン 奴豆腐に玉霰、または賽の目千六本、パンパン 羊羹屑に切り山椒、パン ざっくざっくと切り捨てる パパンパンパン

解説 賽の目は豆腐の切り方、千六本は大根の切り方のこと。パカンと見事に切る様子や、バラバラに切る様子をさまざまな言葉であらわしている。講談にはこうしたおもしろい表現がたくさんある。

美人の決めゼリフ

沈魚、落雁、閉月、羞花、パン 立てば芍薬、座れば牡丹、歩く姿は百合の花。パンパン 小野の小町か、楊貴妃か、パン 普賢菩薩の再来か、常盤御前に袈裟御前、パパンパンパン お昼のご膳はもう済んだというすごい美人 パーン

解説 沈魚、落雁、閉月、羞花とは中国で美人をあらわした言葉で、あまりの美しさに魚は泳ぐことを忘れ沈み、雁は飛ぶのを忘れて落ち、月は恥じて姿を隠し、花は恥じらいしぼんでしまうということ。続きの「立てば芍薬、……百合の花」は今も使われる美人をあらわした言葉で、小野小町や楊貴妃は、実在した美人の名前。美人をあらわす言葉をさまざまにならべている。

名のってみよう！

〇〇〇小学校にて△△△では第一番といわれたる×××と申すなり。
我と思わんものはかかってこい

〇〇〇に学校の名前、△△△に得意技、×××に名前を入れて、自分の名のりをつくろう！

講談師の着物と道具

講談師は明治時代、教導職という人に教える役職についたことや、読み物の内容から先生といわれます。先生という名にふさわしく格式高く、講談師の正装は紋付の羽織と袴です。

着物

羽織
着物の上に着る。講談師、それぞれの紋がついている。袴をつけない時に着る。

黒紋付
黒地に紋をつけた着物。

袴
着物の上から着る。ズボンのように両足が分かれている。

張扇と扇子
張扇は講談師が手づくりしたもの。手で持ち、高座にあがる。

足袋
足袋は白に限っている。

講談を見に行こう

道具

釈台
木製の重い台。
釈台はお客との境界線となり、お客とのほどよい距離感をたもつ。

正面

後ろ

張扇
修羅場読みではパンパンとたたく。
場面転換や、せっぱつまった状況、盛り上がった場面でもたたく。

パンパン

ツケ
木をけずってつくられている。張扇とちがい、「パチン」という音がする。ツケを使わないこともある。

パチン

扇子
刀にしたり、盃がわりにしたりするが、落語ほどは使わない。また、張扇と同じく、場面転換などでたたいて使う。

ポン

台本
台本は弟子入りした師匠の台本を写してつくる。
長いお話などは台本を見ながら話す。

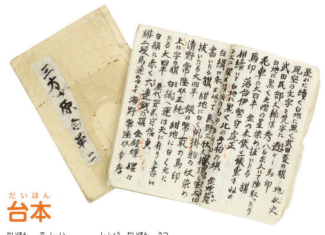

講談の動き

　講談は、会話より地の文章、説明が多いので、登場人物の動きをあらわす動きをつけることはあまりありません。

張扇と扇子で間合いを
つくりながら、
お客を見て話す。

長い話の時は、
台本をおき、読みながら
話すこともある。

※地の文章……登場人物のセリフではなく、場面などを説明する文。

講談を見に行こう

張扇のたたき方

パンと1つたたき、パンパンと2つ、パンパンパンと3つ。
状況の切迫の度合いで、たたき方がちがってくる。

扇子のたたき方

「パパンパンパン」など多くの音を出す時に、張扇とあわせてたたく。
また、怪談噺などは、そっと音を出したい時に「ポン」とやさしく音を出す。

講談の歴史

　講談の歴史は約500年。戦国時代、諸大名に『太平記』を読みきかせた太平記読みが講談師のはじまりといわれています。『太平記』は南北朝の軍記物語で武将の楠正成が活躍します。楠正成は少数でおおぜいを倒すゲリラ戦法で知られていて、大名諸侯はお手本にしたのです。

講談のはじまり

　江戸時代のはじめ、僧侶の赤松法印は徳川家康や諸大名の前で『太平記』や『源平盛衰記』を読みきかせました。江戸時代も戦いがなくなり平和になると、大名に講談を読んでいた太平記読みが神社の境内や人の集まる盛り場で公演するようになりました。元禄年間（17世紀後半）には名和清左衛門（赤松清左衛門）が浅草御門で『太平記』を読み、そこを奉行所は「太平記講釈場」として認めました。講談界ではこの人を講談師の先祖としています。

『太平記』の講釈を聞く人たちが描かれている。
国立国会図書館所蔵：『絵本御伽品鏡』3巻

町人も聞けるようになった町講釈

　江戸時代の享保年間（18世紀）には僧侶や浪人たちが講談を読みはじめ、よしずばりの野天で聞かせる辻講釈もはじまりました。辻講釈をしていた深井志道軒はユーモアを交えた話ぶりで稀代の変人といわれ、人気もありました。森川馬谷はこれまでは一人でつとめていた講談で初めて前座を取り入れました。講談の定席もこのころからはじまりました。赤穂浪士の話を語る「義士伝」は人気の演題になりました。

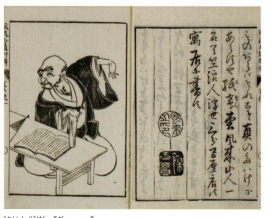
深井志道軒が描かれた絵。
早稲田大学図書館所蔵：『風流志道軒傳』（ヘ13-1791）

※よしずばり……ヨシという植物で編んだすだれ。　※辻講釈……野外で行われた講談。今のストリート・パフォーマンスのようなもの。　※定席……毎日見られる寄席。

高座をつくった伊東燕晋

江戸時代の後期、伊東燕晋は合戦のお話、軍記物を得意とした講談師で江戸の湯島天神の境内に住み、自宅を講釈場としていました。燕晋は、講談の登場人物は徳川家康をはじめとして高い地位の人が多いことから、「お客の位置よりも高いところで講談を語りたい」と奉行所に申し出て、高座をつくることが許されました。燕晋は十一代将軍・家斉の前でも講談をしました。燕晋は講談師の地位の向上に力をつくしました。

燕晋を称える石碑が湯島天神に建てられている。

全盛期！ 歌舞伎にも影響を与えた

幕末から明治時代にかけて、講談は庶民の間に定着しました。講談の寄席は講釈場から釈場とよばれました。講談の全盛期は明治の中ごろで、講談師は約800人、釈場は約80軒ありました。二代目の松林伯圓は「鼠小僧」や「天保六花撰」など白浪物を得意とした泥棒伯圓とよばれた名人で、明治天皇の前で講談を披露しました。講談の演目はほかの演芸に多くの影響をおよぼしています。歌舞伎の「お富与三郎」「髪結新三」など今でも上演されています。

単行本化された講談

明治時代の末期には読む講談として大阪から立川文庫が発売され、全国的に大ヒットしました。講談を子ども向けにやさしくした文章で、真田幸村の部下の猿飛佐助や霧隠才蔵、一休さん、水戸黄門、柳生十兵衛などが少年たちのヒーローになりました。ヒーローたちの活躍を少年たちは夢中になって読み、講談の世界が身近になりました。大人向けの講談は大川屋という出版社がたくさん速記本を出して、講談の普及に大きく役立ちました。

※速記本……講談や落語で話された内容を書き取り本にしたもの。

講談を見に行こう

進化し続ける講談

女性講談師で初めて真打になった宝井琴桜。

現在では女性の講談師の数が男性よりも多くいます。講談は男性美といわれ、男性の講談師が張扇をたたき、重厚ながらも立て板に水の流れるリズムで読むことが本筋でした。女性講談師は修羅場読みという講談の基礎をふまえ、女性ならではの視点から多くの演目を公演しています。各分野で活躍する女性の話、漫画「はだしのゲン」を原作とした反戦講談、「カルメン」や「レ・ミゼラブル」という外国の話もあり、講談は進化しています。

講談の舞台も進化しています。一龍齋貞水は講談界で初めて人間国宝に認定された、講談を代表する人です。照明や音楽を工夫し、道具を効果的に使い「四谷怪談」などの怪談噺を演じます。「怪談の貞水」とよばれることもあります。ジャズ・ダンスや交響楽団とも共演しました。講談を一人芝居のように演じて、講談の可能性を大きく広げました。古典的な演目でも、子どもにも興味をもってもらうようにわかりやすく演じます。

「講談には守るべきものと開拓すべきものがある」と話しています。

笑わせたり、感動させたり、多彩な話芸の持ち主、一龍斎貞水。

同じ演目が落語や浪曲にも

落語や浪曲は講談からたくさんの演目を取り入れています。浪曲では「天保水滸伝」や「野狐三次」など、落語では「五貫裁き」「万両婿」「佐野山」「阿武松」など、多くの講談ネタを取りこんでいます。「細川の茶碗屋敷」をもととした話は落語と浪曲の両方にあります。講談の演目は数限りがなく、多くの演芸に題材を提供しているのです。

\ 講談を見に行こう /

講談師になるには

　講談師は東京と大阪をあわせて70人ぐらい。好きな講談師を選んで入門します。師弟の関係は実の親子よりも深くなります。師匠からは、「講談界は厳しい世界で修行はつらいものだ」と言いわたされます。「親孝行や社会正義を直接語るために人格をみがくように」とも言われます。

1 弟子入り
師匠の身のまわりの世話をしたり、楽屋のしきたりや礼儀作法を覚えたりして、講談師としての品性を学びます。入門したてを「空板」といいます。お客がいないので空です。開演前の寄席で修羅場読み ▶55ページ を練習します。お客が一人でも入場したら高座からおります。

2 前座
空板を経て、前座になります。高座の支度、楽屋のさまざまな仕事をこなし、開演時間になると、座布団を裏返したり（高座返し）▶8ページ 、めくり ▶9ページ をめくったりします。楽屋では先輩の着物の着がえの手伝いをし、師匠たちにお茶を出します。

3 二つ目
前座から4、5年で二つ目に昇進します。前座修行から解放されます。羽織も着てよいことになります。寄席で自分の出番がすめば帰ってよくなります。これからは自分の力で仕事をとってきて生活をしなくてはなりません。

4 真打
二つ目から10年ほどで真打に昇進します。寄席で最後に演じるトリがとれます。弟子もとれるようになります。真打になることが到達点ではなく、講談の話芸をきわめ、講談が広がるように活動し、生涯にわたって、芸の修行は続きます。

さくいん

あ
「青葉の笛」……………62
赤松法印……………74
赤穂浪士……………74
浅草演芸ホール……………10
浅草・木馬亭……………10
安楽庵策伝……………46
池袋演芸場……………10
石川五右衛門……………30,31
一番太鼓……………6,8
一龍齋貞水……………76
一休さん／一休宗純……………53,75
「一休と禅居の塔婆問答」……………53
「一休と狢」……………53
「一休咄」……………53
伊東燕晋……………75
「いらち俥」……………37
色物……………6
上杉謙信……………54,64,65
「牛ほめ」……………13,26,27
烏亭焉馬……………46
英雄／ヒーロー……6,50,52,54,75
「江島屋騒動」……………66
江戸……………10,14,29,32,46,52,54,56,75
江戸時代……………10,15,22,24,28,30,34,45,46,47,50,52,54,56,58,60,66,74,75
江戸っ子……………14,45,61
江戸弁……………14
江戸落語……………26,36,37
演芸……………6,10,75,76
演題／演目……………8,9,16,39,47,50,54,55,74,75,76
圓朝忌……………46
閻魔大王……………13,34,35
お医者さん……………13,24,25
追い出し太鼓……………7,8
「王子の狐」……………32
「阿武松」……………76

か
お江戸上野広小路亭……………10
お江戸日本橋亭……………10
お江戸両国亭……………10
大岡越前守忠相……………52,60
「大岡政談　しばられ地蔵」……………51,60,61
大喜利……………7
大阪弁……………37,47
大須演芸場……………10
太田道灌……………18
「大山詣り」……………18
おかみさん……………14,18,41
和尚さん……………15,20,24,25
オチ……………6,7,16,18,19,50
お伽衆……………46
お殿様……………15
「お富与三郎」……………54,75
お囃子……………5,8

か
怪談（噺）／怪談トークショー……………7,12,66,73,76
「怪談乳房榎」……………66
「怪談牡丹灯籠」……………46,51,66,67
楽屋……………8,9,77
学校寄席……………10
合戦……………55,62,64
活弁……………7
桂小春団治……………46
桂扇生……………11,38,39
桂文枝……………46
桂文楽……………47
桂米朝……………47
歌舞伎……………12,75
上方落語……………10,13,36,37,47
紙切り……………7,8
上下をきる（つける）……………40
上手……………5,40,41
「髪結新三」……………54,75
空板……………77
「カルメン」……………76
「川中島　謙信と信玄の一騎打ち」……………51,64,65

「寛永三馬術　曲垣平九郎　愛宕山　梅花の誉れ」……………51,56,57
「寛政力士伝」……………54
「義士伝」……………74
決めゼリフ……………68,69
着物……………9,12,36,37,38,39,41,48,70,77
客席……………5,6,8
曲芸……………8,34
曲独楽……………6
「吉良の仁吉」……………53
霧隠才蔵……………75
「禁酒番屋」……………47
金明竹……………26
くいつき……………6
楠 正成……………74
熊さん……………14,18
黒紋付……………39,70
軍記物／軍記物語／軍談……………54,55,62,74,75
芸人……………4,5,15
見台……………36,37
「源平盛衰記」／『源平盛衰記』……………62,74
「源平盛衰記　宇治川の先陣争い」……………68
「源平盛衰記　那須与一扇の的」……………51,62,63
ご隠居……………14,24,32,33,37,41
「甲越軍記」……………54
「孝行糖」……………26
高座……………4,5,8,9,12,16,17,36,37,38,39,46,48,50,75,77
高座返し……………8,48,77
講釈場……………75
「強情灸」……………13,30,31
講談師／講釈師……………6,49,50,51,55,70,74,75,76,77
五街道雲助……………47
「五貫裁き」……………76
国立演芸場……………10
「小言念仏」……………47
古今亭志ん生……………47

滑稽噺／小噺……………12,16,4
古典落語……………4
子ども……………14,20,21,40,4
「この橋わたるべからず」……………5
小拍子……………36,3
「子ほめ」……………37,4
コント……………6,
「こんにゃく問答」……………2

さ
佐々木高綱……………6
桟敷……………7
真田幸村……………7
「佐野山」……………7
座布団……………4,8,48,7
侍……………15,41,5
猿飛佐助……………7
三笑亭可楽……………46,4
「算段の平兵衛」……………4
「三方一両損」……………5
三遊亭圓生(猿松)……………4
三遊亭円丈……………4
三遊亭圓朝……………46,47,6
三遊亭白鳥……………4
鹿野武左衛門……………4
「地獄と極楽の問答」……………5
「地獄八景亡者戯」……………13,34,35,4
師匠……………8,9,47,48,71,7
地蔵（様）……………51,60,6
「七度狐」……………3
芝居噺……………1
「芝浜」……………46,4
清水次郎長……………5
下手……………40,4
釈台……………6,50,7
釈場……………7
三味線……………7,8,9,35,36,3
「宗論」……………1
「寿限無」……………13,20,2
修羅場読み／しらば読み／ひらば読……………55,71,76,7
商家……………14,15,17,4

うせき ～席 …… 10,74	ちょうにん 町人 …… 13,14,22,54,74	は	みとこうもん 水戸黄門 …… 53,75	
～点 …… 7	ツケ …… 71	はおり 羽織 …… 38,39,48,70,77	みとこうもんぜんこくまんゆうき 「水戸黄門全国漫遊記」…… 53	
～林伯圓 …… 75	つじこうしゃく 辻講釈 …… 74	はかま 袴 …… 39,48,70	みなとがわ なんこう ひこんりゅう 「湊川 楠公の碑建立」…… 53	
～人 …… 14,22,41	つゆ の ごろべえ 露の五郎兵衛 …… 46	「はだしのゲン」…… 76	みなもとのよしつね 源 義経 …… 62,63	
「～子屋おくま」…… 52	ていごう 亭号 …… 47	はっつぁん／八五郎 …… 14,20,37	みやもと むさし 宮本武蔵 …… 52	
～浪物 …… 54,75	てがみ 手紙 …… 12,17,44	はなし 話（咄／噺）…… 4,6,7,9,	むらい ちょうあん 「村井長安」…… 52	
「～郎長と黒駒の勝蔵」…… 53	てじな 手品 …… 4,6	12,13,14,15,16,17,18,22,24,	めいじ じだい 明治時代 …… 37,46,53,70,75	
～打 …… 6,48,77	てぬぐい 手ぬぐい …… 12,36,39,42,43,44	26,32,37,42,46,50,52,53,	めいじん 名人 …… 46,56,58,59	
～作落語 …… 46	でばやし 出囃子 …… 8	54,58,64,71,72,74,75,76	めくり／見出し …… 5,8,9,77	
「～宿末廣亭／末廣亭」…… 3,4,5,9,10	「天一坊」…… 52	はめもの …… 35,37	もぎり …… 5	
～本演芸場 …… 10	てんしき 「転失気」…… 13,24,25	はやしや さんぺい 林家三平 …… 47	「元犬」…… 13,32,33	
「～徳院」…… 19	てんぽうすいこでん 「天保水滸伝」…… 76	はやしや しょうぞう 林家正蔵 …… 47	ものまね …… 4,6,7	
「～睡笑」…… 46	てんぽうろっかせん 「天保六花撰」…… 54,75	はりおうぎ 張扇 …… 6,	もりかわ ばこく 森川馬谷 …… 74	
～話物 …… 54	天満天神繁昌亭 …… 10	36,50,55,70,71,72,73,76	もり の いしまつ 森乃石松 …… 47	
～国時代 …… 46,64,74	どうかん 「道灌」…… 18	はんたいぐるま 「反対俥」…… 37	もり いしまつ 森の石松 …… 53	
～座 …… 6,8,9,17,48,74,77	どうぐ 道具 …… 38,39,70,71	ばんちょうさらやしき 「番長皿屋敷」…… 66	もり いしまつこんぴ ら だいさん 「森の石松金毘羅代参」…… 53	
～子 …… 6,	「道具や」…… 26	ひざかくし …… 36,37	もん 紋 …… 38,70	
12,13,35,36,39,41,42,43,	とき 「時うどん」…… 37	ひだりじん ごろう 左甚五郎 …… 58,59		
44,45,50,55,70,71,72,73	とき 「時そば」…… 13,28,29,37	ひだりじんごろう みずの りゅう 「左甚五郎 水呑みの龍」	や／ら／わ	
～記本 …… 46,75	とくがわいえみつ 徳川家光 …… 56,57,58,59	…… 51,58,59	やぎゅうじゅうべえ 柳生十兵衛 …… 52,75	
～ば …… 12,13,28,29,45	とくがわいえやす 徳川家康 …… 54,55,74,75	びょうぶ とらたいじ 「屏風の虎退治」…… 53	やぎゅうじゅうべえ たびにっき 「柳生十兵衛旅日記」…… 52	
「～俠豆腐」…… 54	とくがわ ひでただ （徳川）秀忠 …… 56	ひらばやし 「平林」…… 17,46	やぎゅう に かいがさ 「柳生二蓋笠」…… 52	
「～利新左衛門」…… 46	とくがわみつくに 徳川光圀 …… 53	びんぼうはなみ 「貧乏花見」…… 37	やなぎや きょうたろう 柳家喬太郎 …… 46	
	とよとみ ひでよし 豊臣秀吉 …… 46	ふかい しどうけん 深井志道軒 …… 74	やなぎや こ さん 柳家小さん …… 47	
	トリ …… 6,7,12,48,77	ぶぎょうしょ 奉行所 …… 60,61,74,75	やなぎや こ さんじ 柳家小三治 …… 47	
	どろぼう 泥棒 …… 54,60,75	ふさ ようじ 房楊枝 …… 45	ゆうれい 幽霊 …… 12,16,51,66,67	
かぐら ～神楽 …… 7	どんちょう 緞帳 …… 5,6,7	ぶし 武士 …… 15,41,51,56	ゆしまてんじん 湯島天神 …… 75	
～工 …… 14,22		ぶたい 舞台 …… 4,5,6,7,37,76	よこはま 横浜にぎわい座 …… 10	
「～間腹」…… 19	な	ふためい 二つ目 …… 6,38,48,77	よせ ば 寄せ場 …… 10	
～いこもち（幇間）…… 15,19,41	なかいり 仲入り …… 5,6	へいあんじ だい 平安時代 …… 62	よせもじ 寄席文字 …… 4,9,10	
～平記」／『太平記』…… 54,74	ながや 長屋 …… 14,18,20,22	ほそかわ ちゃわんやしき 「細川の茶碗屋敷」…… 76	よたろう 与太郎 …… 13,26,27	
～本 …… 50,71,72	ながや はなみ 「長屋の花見」…… 37,47	ほんとう ははおや 「本当の母親」…… 52	よつやかいだん 「四谷怪談」…… 76	
～名跡 …… 47	な すのよいち 那須与一 …… 51,62,63		よねざわひこはち 米沢彦八 …… 46	
～井桜 …… 76	な の 名のり …… 56,68,69	ま	よ もの 読み物 …… 50	
～井琴調 …… 49	な わ せい ざ えもん あかまつせい ざ えもん 名和清左衛門（赤松清左衛門）…… 74	まがきへい く ろう 曲垣平九郎 …… 51,56,57	らくごか はなしか 落語家／噺家 …… 4,	
～田信玄 …… 51,54,55,64,65,68	なんぼくちょう じ だい 南北朝（時代）…… 54,74	マクラ …… 16,17,47	6,8,10,11,12,13,16,17,36,	
～たき …… 36	にしき けさ 「錦の袈裟」…… 24	マジック …… 4,6,8	37,38,39,40,42,46,47,48	
～川文庫 …… 75	に ばんだいこ 二番太鼓 …… 6,8	まちこうしゃく 町講釈 …… 74	りゅう 龍 …… 51,58,59	
～川志の輔 …… 46	にんげんこくほう 人間国宝 …… 47,76	まち ぶぎょう 町奉行 …… 52,60	「レ・ミゼラブル」…… 76	
～ヌキ …… 32,41,47	にんじょうばなし 人情噺 …… 12	まんざい まんだん 漫才／漫談 …… 4,6,7	ろうきょく 浪曲 …… 7,10,76	
「～の鯉」…… 32	ねずみ こぞう 「鼠小僧」…… 54,75	「まんじゅうこわい」…… 13,22,23	ろうどく 朗読 …… 7	
「～の札」…… 32	ね た ちょう 根多帳 …… 8,9,17,48	まんりょうむこ 「万両婿」…… 76	わかだん な 若旦那 …… 15,19	
～袋 …… 38,70	の ぎつねさんじ 「野狐三次」…… 76	みかたがはらぐんき 「三方ケ原軍記」…… 54,55,68	わ げい 話芸 …… 7,50,77	
～域寄席 …… 10				

監修	落語家　桂 扇生(p3-48)
	講談師　宝井琴調(p49-77)
企画・制作	やじろべー
	ナイスク　http://naisg.com
	松尾里央　高作真紀　岡田かおり　鈴木英里子　原 宏太郎
制作協力	長田 衛
デザイン・DTP	ヨダトモコ
イラスト	杉本千恵美
撮影	中川文作　鈴木英里子
写真提供／撮影協力	森 松夫(p49、75)／新宿末廣亭(p3、4、5、9)／株式会社影向舎(P76)／早稲田大学図書館(p46、74)
参考資料／参考文献	『新版 日本の伝統芸能はおもしろい 柳家花緑と落語を観よう』(岩崎書店)／『図説 落語の歴史』(河出書房新社)／『落語家になりたい!』(河出書房新社)／『学校百科・はじめてみる伝統芸能❹古典落語』(クロスロード)／『学校百科・はじめてみる伝統芸能❺寄席雑芸』(クロスロード)／『落語入門』(KKベストセラーズ)／『古典落語』(講談社)／『子ども寄席 古典落語 第1集 千秋楽』(こずえ)／『林家木久扇のみんなが元気になる学校寄席入門❷落語の見方・聞き方』(彩流社)／『桂米團治のみんなが元気になる上方落語入門』(彩流社)／『落語ハンドブック』(三省堂)／『超初心者のための落語入門』(主婦と生活社)／『落語の履歴書ー語り継がれて400年』(小学館)／『一冊でわかる落語ガイドー読んで、寄席で楽しむユーモアあふれる噺の世界』(成美堂出版)／『落語大百科〈第1巻〉〈第2巻〉〈第3巻〉〈第4巻〉〈第5巻〉』(冬青社)／『面白いほどよくわかる落語の名作100ーあらすじで楽しむ珠玉の古典落語』(日本文芸社)／『雑学3分間ビジュアル図解シリーズ 落語』(PHP研究所)／『落語と私』(文藝春秋)／『一龍斎貞水の歴史講談〈1〉恐怖の怪談』(フレーベル館)／『一龍斎貞水の歴史講談〈2〉大岡越前 名裁き』(フレーベル館)／『一龍斎貞水の歴史講談〈3〉秀吉の天下取り』(フレーベル館)／『一龍斎貞水の歴史講談〈5〉戦国の英雄』(フレーベル館)／『一龍斎貞水の歴史講談〈6〉剣の達人』(フレーベル館)／『講談落語考』(雄山閣出版)／『講談研究』(田邊南鶴)／『講談作品事典上・中・下』(吉沢英明・編著　私家版)／『週刊人間国宝 69　芸能 演芸 2007年9月30日号 』(朝日新聞社)／『伝統芸能(ポプラディア情報館)』(ポプラ社)／文化デジタルライブラリー (http://www2.ntj.jac.go.jp/dglib/)

本書は2016年6月現在の情報に基づいて編集・記述しています。

大研究　落語と講談の図鑑

2016年8月10日初版第1刷印刷　　2016年8月20日初版第1刷発行

編集	国土社編集部
発行	株式会社　国土社
	〒102-0094　東京都千代田区紀尾井町 3-6
	TEL 03-6272-6125　　FAX 03-6272-6126　　http://www.kokudosha.co.jp
印刷	株式会社　厚徳社
製本	株式会社　難波製本

NDC 779　80P　29cm　ISBN978-4-337-27923-0 C8376
© 2016 KOKUDOSHA/NAISG　Printed in Japan